典藏版 鐵道新旅
Taiwan Railways ① 山海線
山海線—32+2 站深度遊

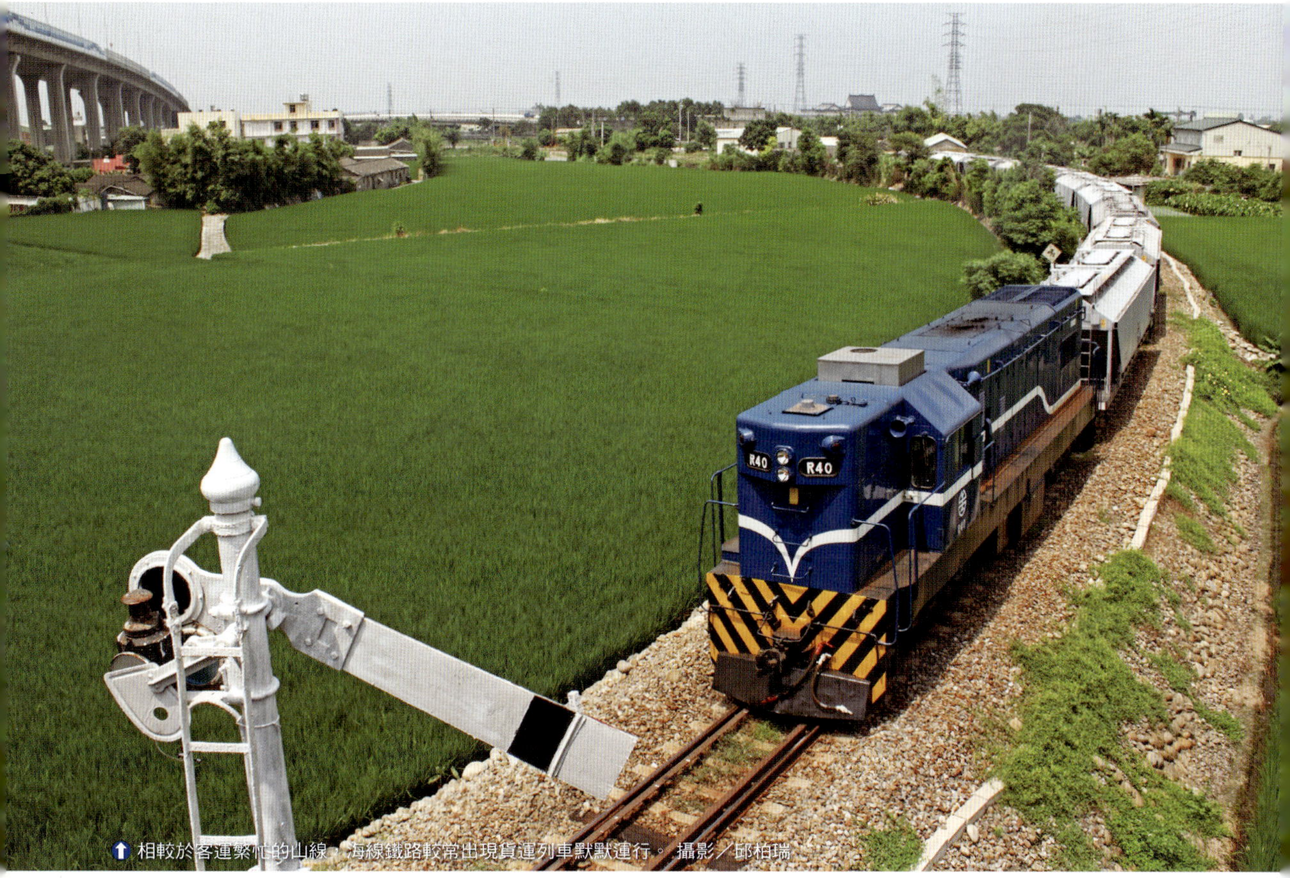

↑ 相較於客運繁忙的山線，海線鐵路較常出現貨運列車默默運行。 攝影／邱柏瑞

鐵道新旅
Taiwan Railways

12 特集 — 32+2站深度遊
山海全線各站停車

- 山海線路線圖
- 山海線・現役車輛・特殊列車

68 特集
鐵道絕景之旅
在大山大河大海間悠游前進的山海線火車

- 環島鐵路入山玄關車站
- 嚴選必遊車站：泰安站、龍港站
- 古今車窗風景：山線、海線古今車窗風景旅行

CONTENTS

| 138 | 132 | 126 | 124 | 118 | 116 | 114 | 108 | 106 | 102 | 86 |

鐵道寫真家
尋找山與海的絕佳風味
迫力列車縱貫山海線

車窗名山景：在台中盆地將大山名岳一網打盡

歷史名場景：日俄戰爭台灣也軋一角？

鐵道園區：海線大本營與山線前進基地

記憶中的鐵道：潭雅神綠園道的前世情緣

車站時光：穿越時空的海線散步

紀念戳章物語
車站紀念印章的世界

名片式車票：從普通列車到追分成功

鐵道避難所：巡訪鐵道沿途天險境地

山海線問答集Q＆A

足旅34，山海線全覽

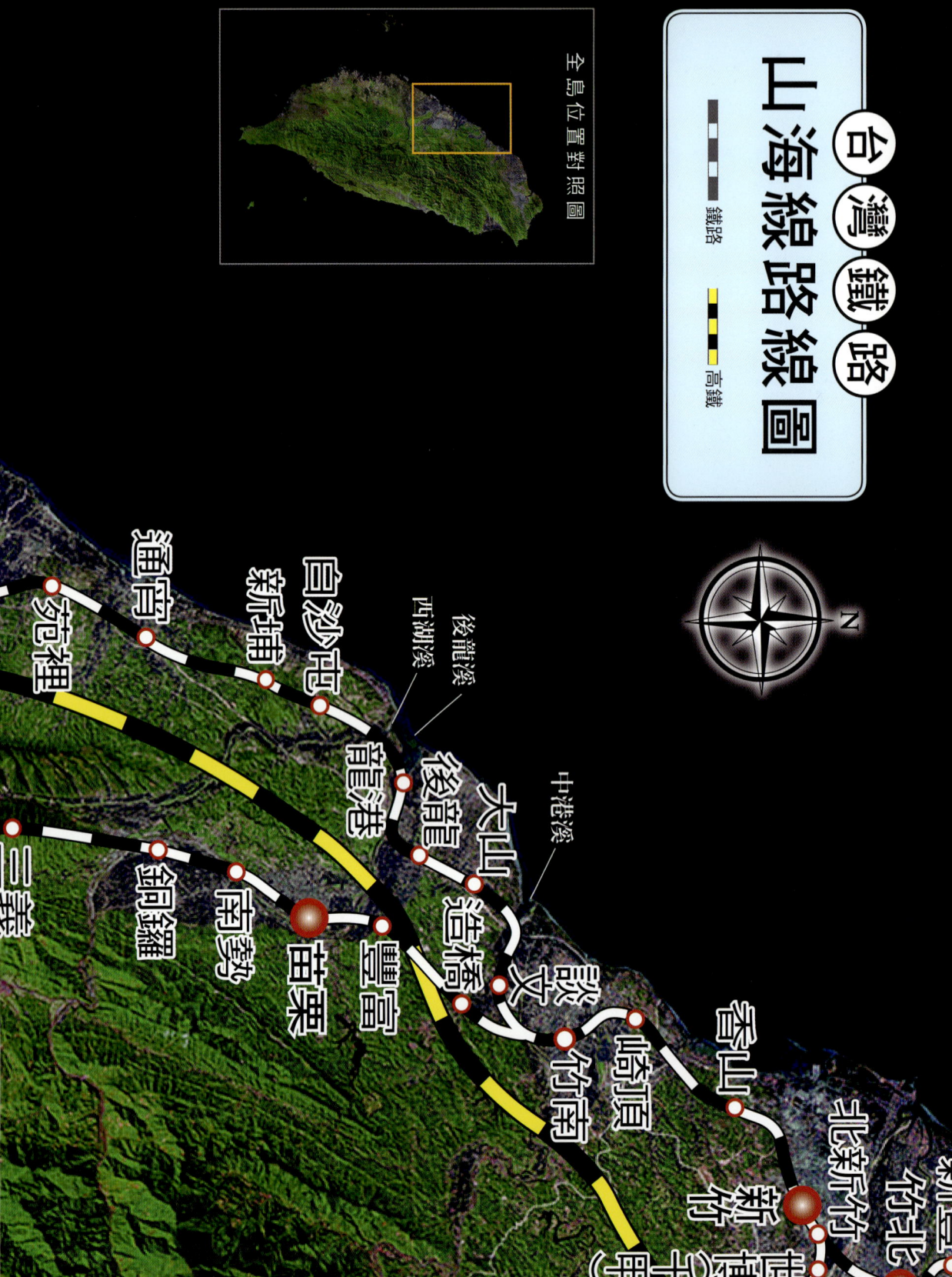

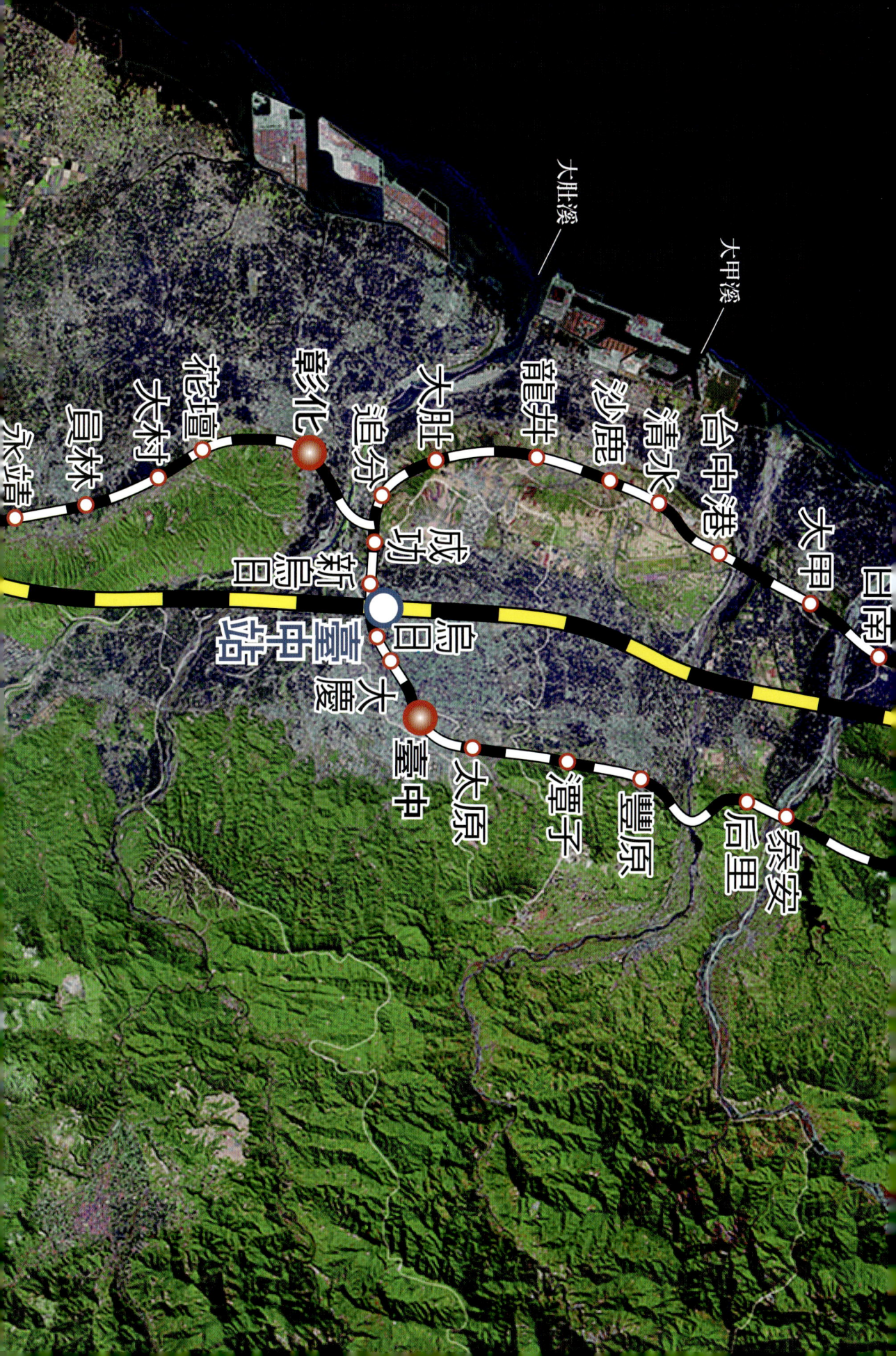

鐵道新旅
Taiwan Railways

攝影／王晟懿

7. 鐵道新旅 Taiwan Railways

認識竹南＝彰化間的現役車輛

山海線・現役車輛

文／柯凱仁　圖／黃柏文・邱柏瑞

縱貫鐵路起初通車時只有山線，後來因山線陡坡太過吃力，於是新建了坡度較緩的海線。由於山線經過台中市人口最稠密的地區，相對的海線遜色許多，因此大部份的對號列車都經由山線；但海線列車對於觀光與地方通勤，依舊是不可或缺的角色。讓我們一起來欣賞山海線多變的現役車輛吧。

南北動脈—自強號

推拉式自強號（PP）：在山線幾乎都能看的到的自強號車種，但是海線一天只有北上106次、132次、146次三個班次。

太魯閣自強號（TEMU）：只在山線出沒，而且都是跨線往返花蓮。

EMU300型：目前因自動門持續改造中，所以平日只有109次與126次經山線往返，假日時則會再加121次與131次山線南下與124次海線北上、134次山線北上；而海線更只有112次與南下唯一自強號的147次。

EMU1200型：大家俗稱的「紅斑馬」，但因為車況不佳，山線只有122次、127次、133次三班次與環島觀光列車是用FPK10500次與126次經山線往返，假日時則會再加121次與131次山線南下與124次海線北上、134次山線北上。

逐漸褪色—莒光號

山線部分，往返北高區間的幾乎都是用舊型手拉門莒光號行駛，另外，651次、503次、554次與環島觀光列車是用FPK10500型，655次是用FPK10600型；從台中往返台東的班次都是用FPK10400型，第一車近期加掛兩鐵改造莒光。

海線部分，幾乎都是舊型手拉門莒光號在行駛，只有北上516次使用FPK10600型新莒光。

區間車—區間快車

山／海線的區間車，幾乎都是以彰化機務段的EMU500型為主，偶而會有幾班從嘉義北上到后里、台中的嘉義機務段的EMU500型。另外，新竹機務段的EMU400—700型因為運用關係，部分經山線班次會在苗栗折返，而有少數幾班會到彰化，甚至到嘉義。

另外，山線台中以南有全台唯一跑區間快車的路段，這些班次都是要到集集線的DRC1000型柴油客車，也是山／海線內唯一可以看車前風景的車種。

9. 鐵道新旅 Taiwan Railways

揭開貨物列車神秘面紗
臺鐵支線・特殊列車

文／圖／邱柏瑞

在這鐵路貨運漸漸式微的年代，行經龍井煤場、台中港等貨物據點且路線坡度較為平坦的海線，仍有為數不少的貨物列車，負責運輸煤炭、小麥與各式貨物。而以客運為主的山線，每天也有一往返的散裝貨列默默地運行著。

⬆ 煤運列車可說是海線貨列的最大宗。

⬆ 除了表訂的貨物列車之外,偶爾也會有些驚喜出現。

⬆ 附掛穀斗車的 611 次散裝貨物列車。

⬆ 687 次散裝貨物列車映出美麗的倒影。
⬅ 即將進入台中市區的貨物列車,後方可見大樓林立。

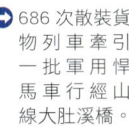
➡ 686 次散裝貨物列車牽引一批軍用悍馬車行經山線大肚溪橋。

11. 鐵道新旅 Taiwan Railways

32+2站深度遊
山海全線
各站停車

文／李春政・古庭維

⬆ 龍港＝白沙屯間的下三叉河橋。 攝影／李春政

山海線是臺鐵最耐人尋味的鐵路線，北端同始於竹南站，分道揚鑣後又殊途同歸，各自走過16個車站後，最後又會合於彰化站。這些位在山間海邊的車站，或大或小、或新或舊、或衰或盛，各自擁有不同的前塵往事，共同構成山海線近百年的歷史註腳，要深入認識山海線，這32站都值得您細細品味！

龍港站　後龍站　大山站　談文站　竹南站

⬆ 後龍站外的高架橋。
攝影／古庭維

海線

海線的誕生，是由於一次世界大戰時，歐陸陷於戰火，東亞地區呈現經濟榮景，大量增加的貨物運輸，癱瘓了通車才沒幾年的縱貫線，最後演變成「滯貨事件」。在基隆和高雄港成堆的滯留貨品，讓有關當局決心再建設一條不用翻山越嶺的海岸線鐵道。一九二二年十月，海線通車，但一次大戰早已結束，雖然沒有及時派上用場，這條路線至今仍是貨物列車的主要通道。然而台鐵的貨運已經式微，再加上一向不多的客源，海線的班次遠遠少於山線，產業鐵道的風格依稀猶存。

Taiwan Railways 鐵道新旅　14.

山海全線・各站停車 | **海線**

➡ 鄭漢紀念碑。
攝影／古庭維

➡ 高架的後龍站
於2009年啟
用。 攝影／
李春政

15. 鐵道新旅 Taiwan Railways

龍港站　後龍站　大山站　談文站　竹南站

↑ 海線行經中港溪出海口的紅樹林。 攝影／古庭維

↑ 後龍市區與後龍溪橋。
攝影／古庭維

← 海線仍有單線的路段。
攝影／古庭維

竹南＝後龍

搭車遊海線，一定要仔細做功課，以免遇上無車可搭的窘境。

山海線四條鐵軌，從竹南站並進出發，逐漸遠離，過了中港溪橋後海線就往右揚長而去，沒多久就抵達談文。談文站於苗栗縣造橋鄉，木造站房擁有三角急斜式屋脊、ㄑ字形廊柱、牛眼窗及夯土牆，二〇〇八年登錄為苗栗縣歷史建築。車站附近為恬靜的農村景致，山上蠟燭造型的「鄭漢紀念碑」，是視野遼闊的觀景點。

談文的下一站是大山，兩站之間是中港溪出海口侷促的腹地，也是西部幹線中少有的單線鐵道，仔細看岸邊還有紅樹林，雖然三座大橋阻擋視線，但不減景色裡濃濃的海味。大山站與談文站造型相同，就像孿生兄弟，同為苗栗縣歷史建築。

Taiwan Railways 鐵道新旅　16.

山海全線・各站停車 | **海線**

通宵站　新埔站　白沙屯站　龍港站　後龍站

後龍⇌白沙屯

後龍站是海線南下第一個「大站」，除少數自強號以外的列車都會停靠，目前的高架車站於二○○九年完工。站外非常氣派又吸睛的中西合璧建築，是第一任苗栗縣衛生局長蔡咸陽家的古厝，當年曾在此開設後龍第一家醫院──豐春醫院，招牌仍在，各種浮雕裝飾讓這幢老屋更顯尊貴。

火車由高架的後龍站出發後，就展開海線北段最精采的旅程。一如經過中港溪時，鐵路跨過後龍溪後向右大轉彎，繞過公司寮山，抵達原名公司寮的龍港站，西側的漁港聚落寂靜蕭條。往南不遠就是西湖溪出海口，是拍攝夕陽列車的絕佳地點。西湖溪過後，鐵路再次右彎繞過丘陵地，這裡就是著名的「好望角」，視野極佳，是拍攝台灣海峽列車海景的絕佳攝影點，深受鐵道迷青睞。好望角山下原本有三座隧道，目前已廢棄改為自行車道，附近的「過港貝化石層」也是知名的地質景點。

Taiwan Railways 鐵道新旅　18.

山海全線・各站停車 | 海線

⬆ 龍港站。 攝影／李春政

通宵站　新埔站　白沙屯站　龍港站　後龍站

⬆ 龍港站夜景。　攝影／李春政

⬅ 貝類化石特寫。　攝影／古庭維

⬆ 過港貝化石層。　攝影／古庭維

Taiwan Railways 鐵道新旅　20.

山海全線・各站停車 | 海線

⬇ 西湖溪出海口。　攝影／李春政

⬆ 運煤列車通過龍港站。　攝影／李春政

日南站　苑裡站　通霄站　新埔站　白沙屯站

↑ 白沙屯車站。　攝影／李春政

白沙屯≡苑裡

精彩的海線山地段過後就來到白沙屯。這是個純樸的小聚落，最著名的就是拱天宮，每年「白沙屯媽」徒步進香北港，總是成為一股社會熱潮。白沙屯的南邊，火車行駛在稻田與海岸之間，是海線的獨門特色，通霄精鹽廠也引人注意，全台灣的食鹽都從這裡生產。不久即來到新埔，站房和談文、大山造型相同，亦為苗栗縣歷史建築。新埔站僅有區間車停靠，散發悠閒舒緩的氛圍，附近的秋茂園是許多人兒時郊遊回憶，如果您想搭乘慢車看海，新埔站非來不可。繼續南行，當右前方出現通霄火力發電廠的彩繪煙囪時，通霄站就到了。一九二二年十月十一日，海線的通車典禮就在此舉辦，由當時的台灣總督田健治郎主持。市區北側的山丘稱為虎頭山，公園內通霄神社寧靜清幽，山頂上還有台灣僅見的日俄戰爭紀念碑。

海線火車自龍港至苑裡間，大致沿海而行，可欣賞美麗的西海岸風光，但過了苑裡站後，鐵

山海全線・各站停車 | 海線

⬆ 白沙屯拱天宮。 攝影／古庭維

⬅ 鐵道邊的傳統市場。
攝影／古庭維

路就朝山側延伸，不再沿海岸行駛。苑裡的藺草編織夙負盛名，車站前的大型雕塑正是展現藺草編織的意象。車站附近的天下路就是苑裡老街，老屋林立，販售帽蓆的商號、藥店、飲食店點綴其間，讓人遙想昔日榮華，彷彿跌入時光隧道。而市場周圍的在地小吃，更是許多人專程來此的目標。

23. 鐵道新旅 Taiwan Railways

日南站　苑裡站　通宵站　新埔站　白沙屯站

⬆ 建於 1922 年的新埔車站。　攝影／古庭維

➡ 新埔車站離海岸不遠。
　攝影／古庭維

Taiwan Railways 鐵道新旅

山海全線・各站停車 **海線**

⬇ 列車通過通霄精鹽廠外的鹽山。　攝影／鄧志忠

⬅ 新埔海岸。
　　攝影／古庭維

清水站　臺中港站　大甲站　日南站　苑裡站

⬆ 鐵公路共用橋墩的海線大安溪鐵橋。　攝影／古庭維

苑裡=台中港

從苑裡開始，鐵路與海岸漸行漸遠，穿過了農田與工業區後，來到日南站。雖位在大安溪北岸，但已屬台中市的範圍。木造的站房與談文、大山、新埔相仿，已列為市定古蹟。車站隱身巷弄中，但古蹟建築和懷舊的硬紙板車票吸引許多人前來。站外不遠處，一九二○年通車的鐵公路共構舊大安溪橋，是中台灣交通史的重要見證。

從大安溪橋上可看見著名的鐵砧山，隨即抵達大甲站（二等站），芋頭造型的月台候車椅，說明了大甲的農特產。離車站不遠的文昌祠、貞節牌坊、鎮瀾宮、裕珍馨、蔣公路夜市都是著名的古蹟、名勝與美食景點。在大甲站南邊的大甲隧道，是海線唯一的隧道，也是少見的河底隧道，從水尾溪下方通過。

離開大甲市街，火車跨過大甲溪，盤根錯節的水泥高架橋是國道清水系統交流道，之後便來到台中港站。有趣的是此站並不在台中港，這是因為位於港區的車站，在一九八五年降級為辦公

Taiwan Railways 鐵道新旅　26.

山海全線・各站停車 | **海線**

↑ 木造的日南車站。 攝影／古庭維

↑ 大甲站月台芋頭造型候車椅。 攝影／古庭維

室，同時將原名「甲南」的支線分歧站改為台中港。雖然旅客稀少，但貨運繁忙，編為二等站。貨品以穀物雜糧為主，站內常常可見穀斗車駐留及編組進出。台中港線仍使用臂木式號誌機，吸引火車迷來取景。

清水站　臺中港站　大甲站　日南站　苑裡站

⬆ 台中港碼頭的穀物列車。　攝影／古庭維

⬅ 大甲隧道是西部幹線唯一的河底隧道。
攝影／鄧志忠

Taiwan Railways 鐵道新旅　28.

山海全線・各站停車 | 海線

◐◀ 非常有名的大甲鎮瀾宮。
攝影／古庭維

大肚站　龍井站　沙鹿站　清水站　臺中港站

⬆ 清水神社階梯旁的地震紀念碑。　攝影／古庭維

台中港＝龍井

台中港到清水間，是有名的展望路段。火車爬上山坡，居高臨下，遠眺台中港大型起重機和高美溼地。鐵道迷暱稱此處為清水坡或清水果嶺，車內車外都有絕佳景觀。進入市區時，東側見到的是鰲峰山公園，可登高望遠。清水站是海線分段通車時代的終點，一九二〇年開業。目前的站房於一九三五年震災後重建，混凝土平頂格局，具有迴廊、廊柱，比例優美典雅，列為歷史建築。不過市街距離車站稍遠，有清水國小、神社等名勝古蹟，以及米糕、肉圓、粉圓等在地美食。

火車從清水出發，海邊方向醒目的高樓，是海線地標台中港務局。鐵路在農田與廠房間通過，這一帶是有名的鹿寮成衣商場，沙鹿以成衣製造批發享譽全國，是台灣成衣製造與批發的主要所在地。很快地鐵路又脫離市區，兩旁多了農田，來到貨運大站龍井。車站附近高壓電塔林立，電線縱橫交織；距車站約15分鐘步程的古蹟「龍目井」，是龍井的

山海全線・各站停車 | **海線**

⬆ 鐵道名景清水坡。 攝影／古庭維

⬇ 龍井地名由來──龍目井。 攝影／古庭維　　⬇ 龍井車站。 攝影／古庭維

地名由來。原本龍井站是素色矮房，近來因發展觀光，改建為繽紛花俏的面貌。

大肚站　龍井站　沙鹿站　清水站　臺中港站

⬇ 清水神社的參道。　攝影／古庭維

⬆ 龍井儲煤場。　攝影／王晟懿

Taiwan Railways 鐵道新旅　32.

山海全線・各站停車 | 海線

↓ 追分附近的稻田景觀。 攝影／王晟懿

龍井=彰化

在龍井站的南邊，有堆積如山的煤炭及裝車設備，這是台電林口發電廠。此處的另一側則是寬闊的田園景象，一直到大肚溪橋，都是欣賞落日餘輝的好地點。抵達大肚站之前，會先經過停滿廢棄貨車的大肚調車場，於鐵路電氣化完工初期設立，用來紓解彰化站的車輛編組業務，但後來因需求不大而成為「火車墳場」。這裡曾是鐵道車輛迷的尋寶聖地，但所有珍貴車輛已拆除殆盡。

海線大肚站於一九二○年開業，但最早的「大肚驛」位於山線成功站附近；演變歷程類似「後龍」的站名，在海線通車前，其實是設立在後來的山線豐富站。「大肚至成功」硬紙車票有祝福「早生貴子」的意涵，廣受歡迎。三級古蹟磺溪書院，距車站步程約15分鐘，是大肚最知名的景點。這一帶是大肚溪出海口前的沖積扇，寬闊的田園景色，適合騎單車漫遊。大肚與追分兩站間的農田，也是鐵道迷喜愛的取景點；鐵路東側的平緩山丘就是大肚山，望高寮是非常著名的展望景點。

追分站是海線最高人氣的小站，「追分至成功」硬紙車票，又因與「追婚成功」諧音更加熱賣。日語「追分」是分歧路的意思，海線在此分為繼續往彰化，及通往山線成功站的路線。海線5座木造老站房中，只有追分的造型不同，屬大站格局，是當年身為山海線樞紐、辦理轉車、轉運業務的見證。這座人氣小站目前列為市定古蹟。南下火車從追分出發，在大轉彎後就與山線會合，四條軌道並行跨過大肚溪，抵達彰化縣境內。

↑ 大肚古蹟磺溪書院。 攝影／古庭維

鐵道新旅 Taiwan Railways

大村站　花壇站　彰化站　追分站　大肚站

⬆ 大肚調車場。　攝影／王晟懿

⬅ 追分車站沒有天橋或地下道。　攝影／古庭維

Taiwan Railways 鐵道新旅　34.

山海全線・各站停車 | 海線

↓ 追分站曾是山海線分歧點的大站。 攝影／古庭維

↑ 擁有牛眼窗的古老建築。 攝影／古庭維

銅鑼站　南勢站　苗栗站　豐富站　造橋站

山線

山線，其實是海線通車才有的「暱稱」。一九○八年四月廿日，最困難的九號隧道與大甲溪橋完工，基隆到高雄超過四百公里的縱貫線終於全通，這是台灣近代發展史的轉捩點。所以山線鐵路的價值，不只是穿山架橋的鐵路本身，更有深刻的歷史意涵。山線鐵路經過台中，因此即使有了海線分流，依然是主要的運行路線。不過，由於通過人煙較少的山區，苗栗到豐原之間，區間車的班次至今依然不多。

Taiwan Railways 鐵道新旅

山海全線・各站停車 | **山線**

▼ 攝影／古庭維

銅鑼站　南勢站　苗栗站　豐富站　造橋站

↑第二代的造橋隧道。　攝影／古庭維

↓第一代造橋隧道南口「穿月」題字。　攝影／古庭維

↑造橋車站外的站長宿舍。　攝影／李春政

竹南=豐富

山線火車從竹南出發，跨過中港溪後就立刻進入山區。當左側的國道一號逐漸靠近時，造橋站就到了。混凝土平頂樣式的車站，於一九三五年三月落成，次月即遭逢大震災卻平安度過，因而許多同年代重建或新建的車站皆採用其樣式，例如銅鑼、泰安、清水、橋頭等站。目前站區周邊的站長宿舍也整建完成，重現日式老站格局。

火車穿過豐富隧道之後，很快地視野突然開闊，來到了後龍溪的北岸。上方跨過的高架橋是台灣高鐵，而兩鐵交會處就是豐富站。此地位於後龍鎮，事實上最早的後龍站即位於此（原稱為後龍驛），海線通車後才改名北勢，之後再改為豐富。附近缺少觀光資源，但月台上視野寬闊，可將苗栗市景映入眼簾。目前的豐富站未派站員，但兩鐵共構車站啟用後，勢必完全改變。

Taiwan Railways 鐵道新旅　38.

山海全線・各站停車 | **山線**

← 經過中港溪橋可以遠望大、小霸尖山。 攝影／古庭維
↓ 造橋車站候車室。 攝影／李春政

后里站　泰安站　三義站　銅鑼站　南勢站　苗栗站　豐富站
舊泰安站　勝興站

↑ 雙峰山上視野絕佳。　攝影／崔祖錫

豐富＝三義

後龍溪山線第二座大橋，河床中矗立著一座紅磚橋墩，是一百多年前的舊橋跡，特地保留下來，作為土木建設史的紀念物。

經過了已經夷為平地的舊台肥廠區後，大站苗栗到了。不過站外不算熱鬧，因為苗栗的鬧街，是位在頗有距離的南苗。早年舊山線坡度造成瓶頸，南下列車需加掛輔助機車推進，遂於本站設立「苗栗機關庫」，專司山線的動力需求。目前在此設有鐵道公園及文物展示館。

從苗栗到銅鑼，火車得再次越過山區，除了前後的陡坡，還穿過苗南及南勢隧道。分別被取代的苗栗及銅鑼灣舊隧道，目前都被保留下來，成為公園和自行車道。兩座隧道間的南勢車站，最初是路線頂點的號誌站，後改為車站，但終究因旅客稀少，目前已不派站員。銅鑼到三義之間是縱谷地形，景色宜人，除了綠色稻田，銅鑼更以年底的杭菊季聞名。鐵路東側的山頂有一寺廟者，是有苗栗富士之稱的雙峰山，以油桐花海著稱。銅鑼站於

Taiwan Railways 鐵道新旅　40.

山海全線・各站停車 | **山線**

🔻 銅鑼附近的杭菊相當有名。 攝影／黃維崧

大地震後重建，與造橋站造型類似。車站北側「重光診所」建於一九四九年，融合中、西、日式結構，登錄為歷史建築。

三義素以木雕藝品聞名遐邇，但市區及木雕街（台十三線水美街）距車站頗遠，市區邊緣兩家相鄰的客家粄條店，與木雕同樣有名，時常人滿為患。原本三義站為木造站房，已拆遷至卓蘭鄉小雪霸瀑布休閒村保存，然而此園區目前已經歇業，或許由政府出資，買回老車站作為舊山線觀光鐵道的起點，是最好的結局。

后里站　泰安站　三義站　銅鑼站　南勢站　苗栗站　豐富站

舊泰安站　勝興站

⬆ 異地保存的三義車站。　攝影／古庭維

山海全線・各站停車 | **山線**

⬆ 古老的勝興車站。　攝影／古庭維

⬇ 后里圳是歷史悠久的水利設施。　攝影／古庭維

⬆ 盛開的油桐花。　攝影／古庭維

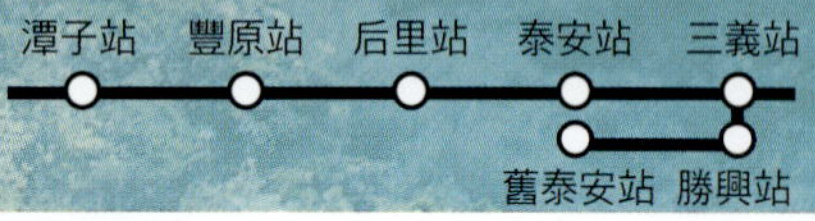

潭子站　豐原站　后里站　泰安站　三義站
舊泰安站　勝興站

◎ 舊山線不定期開行觀光列車。
攝影／古庭維

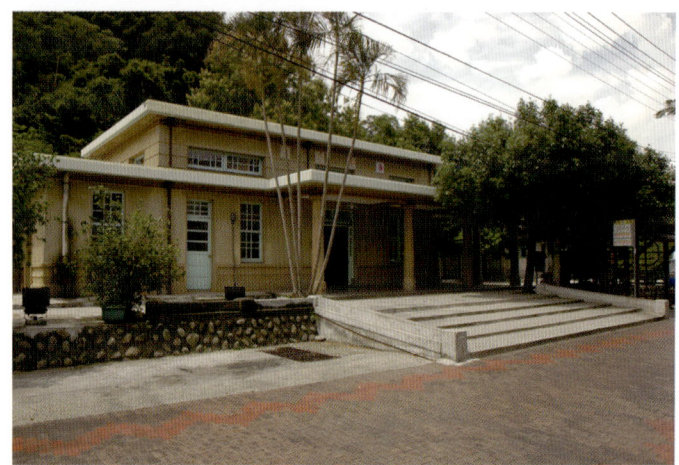

↑ 舊山線舊泰安站。　攝影／古庭維

↓ 后里站內。　攝影／古庭維

三義═后里

從三義開始，不論是一九○八年通車的舊山線，還是一九九八年的新山線，都是縱貫線建設史上最精采的一段。三義車站海拔二六○公尺餘，往南有大安溪與大甲溪，兩條主要河川之間還夾著后里台地。舊山線時代，火車從三義出發後，就開始盤山展線，迂迴繞上勝興站，之後再以陡坡來到大安溪，其間有連續隧道，以及隧道緊接橋樑的驚險地形，魚藤坪橋與內社川橋高達四○公尺，是日本時代最高的橋樑。過了寬闊的大安溪，及來到位於山邊的泰安站。

為了改善山線的瓶頸路段，新山線改走直線，從三義出發後鑽入地下，這條七公里餘的三義隧道，緊鄰著又高又長的鯉魚潭拱橋，接著是三泰隧道和跨過整個大安溪南岸平原的高架橋。新的泰安站是台鐵第一個高架站，月台視野良好，可遠眺整個大安溪兩岸的平野。舊泰安站是於一九三五年震災後重建，站內有一座「臺中線震災復興記念碑」。位於鐵路東側大約同高的

山海全線・各站停車 | **山線**

↑ 新山線鯉魚潭拱橋。 攝影／古庭維

位置，是古老的后里圳，提供后里台地灌溉及發電用水。目前舊山線不定期有觀光列車行駛，停靠勝興及舊泰安兩站，電影「賽德克・巴萊」的鐵路場景就是在此拍攝。

新山線以高架橋減緩坡度，舊山線則以千分之廿五陡坡爬上后里台地。后里站並未在山線改善時變更位置，早期可於此轉搭糖業鐵路，前往月眉糖廠和大甲、大安等地。后里最著名的景點，要屬毘盧禪寺和后里馬場，由舊山線改建的后豐鐵馬道，目前就以馬場為出發點。

45. 鐵道新旅 Taiwan Railways

台中站　太原站　潭子站　豐原站　后里站

↑ 神岡站舊址。　攝影／古庭維

后里＝潭子

從后里到豐原，地勢改變劇烈，又得跨過湍急的大甲溪，新山線以高聳的新大甲溪橋克服高差；舊山線則是又彎又陡、從溪畔峭壁鑽出的九號隧道，這是整條縱貫線最艱困、最後完工的地點。如今在鐵馬道騎車南下，一路下坡可謂輕鬆寫意，但返程就能深刻體會這個百年歷史的瓶頸點。

翻山越嶺的路線，到了豐原終於可以得到喘息。目前豐原為一等站，絕大多數列車均有停靠。一九五九東勢線通車，豐原為起點站，隔年也完成二層樓鋼筋水泥站房，使用至今。豐原是大甲溪流域林業開發的轉運點，因而有繁盛的商業發展，在台中縣市合併前，也是縣政府所在地。東勢線停駛多年後，改建為東豐綠廊道，開啟舊鐵道改建鐵馬道的先河。廟東夜市是豐原市區最著名的景點，人氣小吃不勝枚舉，新興景點則是站外的跨線天橋，民眾不知何故開始被當作許願橋，民眾將各式各樣的鎖頭寫上心願，並鎖

山海全線・各站停車 | **山線**

↓ 舊山線九號隧道。 攝影／古庭維

在天橋的鐵網上，蔚為奇觀。

然而豐原的心鎖橋，可能在不久的將來消失。配合臺鐵捷運化政策，豐原站將改建為高架車站，高架路線將延伸至烏日站，目前沿途大多已展開工程，潭子則已改用臨時站。從豐原開始，鐵路進入台中的都會範圍，在近年高度發展之下，農田景觀已大幅減少，只有潭子附近零星可見。不過由於樓房不算高，東側的天際線還是多層次的山巒稜線，這段台中盆地的鐵路，天氣絕佳時，可以看到包括玉山、奇萊山等著名山岳。潭子站曾是神岡支線的起點，停駛之後的舊鐵道改建為潭雅神綠園道。

台中站　太原站　潭子站　豐原站　后里站

⬆ 豐原新興的景點心鎖橋。
攝影／鄧志忠

➡ 潭子臨時站。　攝影／古庭維

⬅ 配合台鐵捷運化政策，豐原站將改為高架車站。
攝影／古庭維

Taiwan Railways 鐵道新旅　48.

山海全線・各站停車 | **山線**

烏日站　新烏日站　台中站　太原站　潭子站

⬇ 大慶車站。　攝影／古庭維

⬅⬆⬇ 太原車站。　攝影／古庭維

潭子＝烏日

潭子的下一站，原本是中部最大的台中站，但二〇〇二年加入了以太原路命名的太原站。站體為雙層鋼骨結構，編制為簡易站，是台鐵捷運化政策下的產物。未來太原站也將改建為高架站。台中站目前為特等站，是中台灣鐵公路的樞紐，早年在後站還有往南投的糖業鐵路。一九〇八年十月廿四日的縱貫線通車典禮，在台中公園舉行，留下湖心亭作為紀念建築；車站附近也有許多古蹟，舊台中州廳、綠橋、宮原醫院、彰化銀行等都值得造訪。不過台中車站本身就是重要的古蹟。一九一七年完工的華麗站體，是全台灣第一座被指定古蹟的火車站，後站的磚造「20號倉庫」，則是台鐵第一個閒置空間重生的案例，都具有指標意義。

火車由台中站出發，漸漸遠離市區後，來到大慶站。這座一九九八年七月啟用的車站，是全台灣第一個「捷運化」通勤站，站名取自鄰近的「大慶街」。大慶過後，鐵路南側再次出現難得的稻田，隨即又抵達烏日站。後站的烏日鋼樑廠及啤酒廠，早年曾是糖廠所在地。鋼樑廠主要負責整理、修理老舊鋼樑，是台鐵路線維持營運的後勤單位，是台鐵在戰後復員的關鍵，如今鋼樑橋已逐漸消失，因此失去昔日地位。啤酒廠於一九六八年生產迄今，可參觀啤酒的製程及歷史，也可至展售中心品嚐選購各類酒品。烏日的景點較少被提到，其實除了市區的老建築，距離車站稍遠的九十歲老屋「聚奎居」，雕飾華麗，廢棄多年一直是人像外拍的熱門場地。

Taiwan Railways 鐵道新旅　50.

山海全線・各站停車 | 山線

烏日站　新烏日站　台中站　太原站　潭子站

⬆ 前身為台中州廳的台中市政府。　攝影／古庭維

⬆ 台中公園內的日式老橋。　攝影／古庭維

Taiwan Railways 鐵道新旅　52.

山海全線‧各站停車 | **山線**

⬆火車穿過狹窄的台中市區。 攝影／王晟懿

⬆中山綠橋。 攝影／古庭維

彰化站　成功站　新烏日站　烏日站　大慶站

烏日＝彰化

新烏日站距離烏日站相當近，是為了與高鐵台中站轉乘而新設，二○○六年十二月開業至今，站體尚未全部完工。站內有連絡高鐵站的通道，大廳的鐵道模型店已成為鐵道迷的新景點。山線與高鐵在本站東側幾成十字交會，在台灣高鐵台中站的月台上，可清楚眺望台鐵列車進出本站的景致。

火車離開新烏日之後，漸漸靠近國道一號和成功嶺，在通過營區大門之後，原名王田、因為成功嶺基地而改名的成功站就到了。相信許多去過成功嶺大專集訓的熱血男兒，都有搭乘入伍專列在成功站下車的難忘回憶，不過成功嶺是非常大的營區，有些出口反而離新烏日站較近，有機會「懇親」時要先確認位置。成功站之後，山線就一路彎向大肚溪橋，也與海線會合，這個大轉彎是相當熱門的取景地點。

成功站附近除了竹山寺、善光寺等景點，最特別的是知高圳步道，途中有一座水橋，是鮮為人知的祕境。成功嶺大門左側的成

Taiwan Railways 鐵道新旅　54.

山海全線・各站停車 **山線**

↑ 成功嶺大門前的平交道。　攝影／古庭維

↑ 新烏日站內。　攝影／古庭維

功西路，可通往望高寮，沿途視野頗佳，除了鳥瞰王田一帶交織糾結的鐵公路，整個大肚溪南北兩岸的鐵公路分布也一目了然，可謂山海線之旅最佳的終點。

彰化站　成功站　新烏日站　烏日站　大慶站

↑ 知高圳步道途中的水橋。　攝影／古庭維

↑ 烏日啤酒廠。　攝影／古庭維

↑ 烏日古蹟聚奎居。　攝影／古庭維

山海全線・各站停車 | **山線**

↑ 成功車站。 攝影／古庭維

↑ 烏日啤酒廠。 攝影／古庭維

山線嚴選必遊車站① 后里台地與火炎山之間

田裡的高架橋——泰安站

文／攝影 古庭維

> 泰安車站的月台位於五樓。

新山線在一九九八年九月通車，三義與后里間路線改變，勝興站遭到裁撤，泰安站則在新線復站，是台鐵第一個高架車站，有五層樓高，但無關捷運化，而是為了減緩鐵路通過大安溪的坡度。長達數公里的高架橋上，車站月台就是絕佳的展望台，泰安聚落、舊鐵橋、火炎山、稻田甚至西海岸盡收眼底；泰安鐵道文化園區的各景點亦值得造訪。

> 設立在高架橋上的泰安車站。

Taiwan Railways 鐵道新旅　58.

⬆ 月台景觀——大甲鐵砧山。

⬆ 月台景觀——火炎山。

海線嚴選必遊車站② 夕陽、溼地與風車長相伴
出海口風情——龍港站

文/攝影 古庭維

海線的龍港車站，舊名公司寮，位在後龍溪與西湖溪出海口間，是一處歷史非常悠久的港口，十八世紀時是苗栗對外聯絡的重要據點；然而隨著海岸淤積，早已失去商港地位，在日本時代已演變成小漁村。車站旁的漁村老街、山海戀之亭及西湖溪出海口，都是非常具特色的私房景點，是台灣西海岸最經典的小站風光。

⬇ 龍港站月台與軌道。

⬆ 海線名景西湖出海口。

⬇ 龍港車站和村落。

⬇ 公司寮老街。

大甲溪高山風情溯源起點——豐原站與東勢站

環島鐵路 入山玄關車站

文／古庭維　圖片提供／古庭維　崔祖錫

急彎陡坡、跨橋穿洞的山線特色，在跨過大甲溪來到豐原之後，終於告一段落，進入平緩的台中平原。大甲溪是台灣十大水系之一，發源自遙遠的思源埡口，豐原，正是進入這美麗境界的入口。

Taiwan Railways 鐵道新旅　62.

⬆ 大甲溪上游的環山部落,高山環俟。

往更深更遠的美景前進

豐原曾是相當重要的木材轉運站，產地來自大甲溪的中上游。一九一五年，谷關附近的八仙山林場開始生產，數年內建立五分車鐵道通至豐原。一九五〇年代，政府又開發大雪山林場，興建東勢線鐵路，這條支線除了運輸木材，也負擔達見大壩的工程物資。東勢線在一九九一年八月停駛，已改建為「東豐綠廊道」，是一條非常熱門的自行車道。

豐原是山線鐵路的轉運點，而東勢則是真正的入山玄關。中部橫貫公路的即起自東勢，沿著大甲溪谷上溯，經過以溫泉、瀑布聞名的谷關，再到德基水庫，最後可達梨山、環山、武陵農場，沿途穿過的是泰雅族的傳統領域，飽覽中台灣的山岳風景。目前谷關到德基的路段並未完全開放，豐原客運仍繞經埔里，考驗背包客安排行程的功力。

⬆ 德基水庫在 1973 年底開始蓄水，水壩高 180 公尺是台灣第一。

⬅ 東勢車站是進入大甲溪的真正入山玄關。

65. 鐵道新旅 Taiwan Railways

⬆ 松鶴部落遺留的八仙山森林鐵道久良栖車站。

⬅ 東豐綠廊道由東勢線鐵路改建而來。

⬇ 大甲溪中游的河階地風光。

➡ 由梨山眺望雪山山脈景觀。

⬇ 松鶴部落的林務局宿舍群。

Taiwan Railways 鐵道新旅　66.

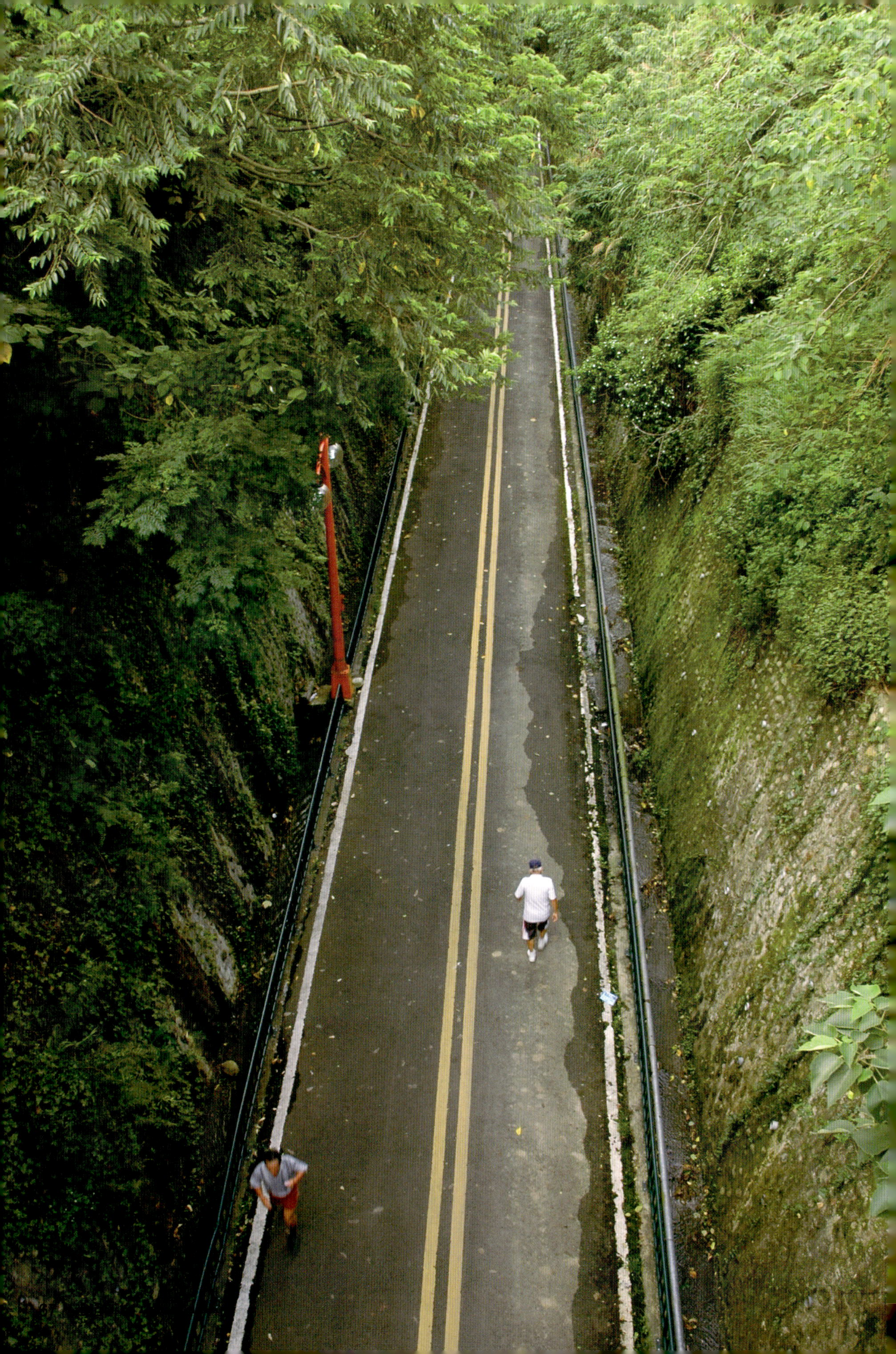

鐵道絕景之旅

在大山大河大海間悠遊前進的山海線火車

文／古庭維　圖片提供／古庭維、王晟豔、洪仲宜

台灣之所以美麗，就是因為有山又有海。河山交錯、山海並列的所在，總是組合出令人回味無窮的景色。縱貫線興建時遭遇苗栗、台中崎嶇的丘陵地，又跨過許多河流，工程進行艱困無比，完成後又由於過多的彎道和坡道，造成運轉上許多先天限制，因此一九二二年時又完成了繞行濱海地區的海線鐵路。從此之後，這條海線被歸為縱貫線的主線，原本穿山而過的舊路，則改稱為台中線，也就是我們熟知的山線。由於經過客貨源豐富的台中，所以其實山線一直沒有被海線取代，但路線不佳的問題終須改善。一九九八年九月，新山線在施工近二十年後全通，除了雙軌化，部分舊路線在截彎取直後也廢棄不用，因此山線又有新舊之分。

↑ 銅鑼與三義間，山線最高人氣的稻田大景。
攝影／洪仲宜

在大山大河大海間悠遊前進的山海線火車

台灣鐵道絕景之旅

⬆ 鯉魚潭拱橋高 40 公尺，全長 790 公尺，拱橋跨距達 134 公尺，是西部幹線的地標大橋。　攝影／古庭維

百年難題的中部丘陵地帶

山線鐵路，最著名的就是三義到豐原，火車以「盤山展線」的方式，迂迴爬上海拔超過四百公尺的勝興車站，沿途坡度陡峭，附帶許多彎曲線型，不但施工困難，又穿插大橋與隧道，車窗風景也精采多變。可惜的是，新山線通車之後，除了后里車站位置不變，從三義到豐原間的路線完全西移，穿山越嶺的氣氛已大幅改觀。新山線由三義開始，立即進入長達七七二八公尺的三義隧道，接下來的鯉魚潭拱橋、三泰隧道、新大安溪橋、泰安隧道彼此相臨。鯉魚潭拱橋高四〇公尺，名列台鐵最高，巨大的混凝土結構橫跨山谷，橋身壯觀，是山線第一地標，搭車時還能在橋上望見西海岸。同樣精彩的還有大安溪橋，長達近三千公尺，高架橋在泰安村上空通過。相較於新山線的壯闊，舊山線顯得婉約，以細緻身段穿過同樣的山區。魚藤坪橋高三十五公尺，有古老的「赤煉瓦」斷橋相伴；鯉魚潭橋跨過水庫，景觀獨特，少

Taiwan Railways 鐵道新旅　70.

⬆ 橋上的題字落款為宋楚瑜省長。 攝影／古庭維

⬇ 俯瞰大橋，一樣極具氣勢。 攝影／古庭維

⬇ 列車從村莊上方凌空而過。 攝影／古庭維

見的上承式桁架橋是珍貴的文化資產；大安溪橋長六百公尺，以十組下承式桁架串連，在寬闊河床上一字排開，與前段潛行山林的氣勢截然不同。山線鐵路的大景，就在珍貴的老橋和壯闊的新橋上，徹底展現。

台灣鐵道絕景之旅

在大山大河大海間悠遊前進的山海線火車

大安溪與大甲溪橋，新山線工程新建的壯觀大橋

新山線大安溪橋與大甲溪橋，長度和高度在環島鐵路中都是名列前矛。大甲溪橋長達八〇四公尺，又要爬上后里台地，地勢險峻。大安溪橋實際上由二號隧道南高架橋、大安溪橋、泰安高架橋與三號隧道北高架橋組成，全長有三〇二四公尺。

↑ 泰安高架橋長度為 685 公尺，車站有五層樓高。　攝影／古庭維

Taiwan Railways 鐵道新旅　72.

⬆ 長達984公尺的三號隧道北高架橋，南端就是后里台地。 攝影／古庭維

⬇ 大甲溪橋北端緊鄰后豐　隧道。 攝影／王晟懿

⬇ 新山線大甲溪橋有802公尺長，從溪床上觀賞更顯巨大。
攝影／王晟懿

在大山大河大海間悠遊前進的山海線火車

↑ 大安溪橋由十組下承式桁架串連，宛如一條巨龍橫亙大安溪。目前的鋼樑是一九六三年利用美援經費更換完成。　攝影／古庭維

↑ 洋洋灑灑一字排開的舊山線大安溪橋。　攝影／古庭維

↑ 蒸汽機車通過舊山線大安溪橋。　攝影／古庭維

長龍般的舊山線大安溪橋

舊山線大安溪橋共有十組下承式桁架，這些鋼樑是在一九六三年組裝，橋墩則是一九〇八年第一代縱貫線時使用至今，也是一座高人氣的老鐵橋。

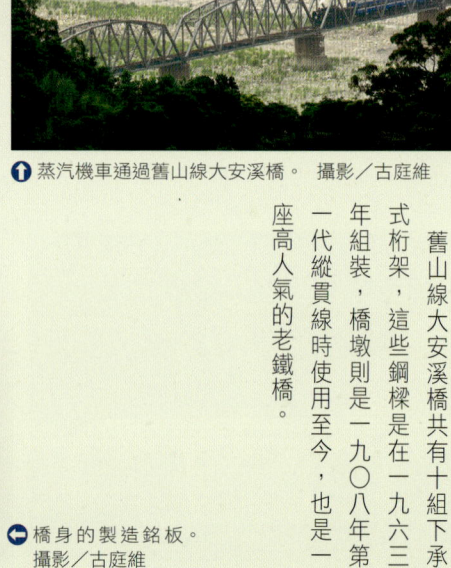

← 橋身的製造銘板。
攝影／古庭維

↑ 火車穿過鐵橋就像過山洞。 攝影／古庭維

台灣鐵道絕景之旅

在大山大河大海間悠遊前進的山海線火車

舊山線必訪，台灣鐵路唯一上承式桁架橋

舊山線的三座鐵橋中，最特別的就是鯉魚潭橋。這座鐵橋是台灣僅存的上承式桁架鐵路橋，一九三八年竣工至今有七十多年歷史。巨大的鋼樑結構，在火車通過時發出令人難忘的共鳴聲響。鯉魚潭橋舊稱內社川橋，高聳的橋墩橫越水庫的後池堰，兩端緊鄰著六號、七號隧道，高高的鐵橋接著隧道口，是舊山線的第一絕景。

↓ 水庫下游的角度，鐵橋在稻田後方橫跨山谷。　攝影／古庭維

↑ 鯉魚潭橋舊稱內社川橋，緊鄰著六號、七號隧道，高高的鐵橋接著隧道口，是舊山線的第一絕景。　攝影／古庭維

↑ 鐵橋的南端緊鄰七號隧道北口。　攝影／古庭維

↓ 老鐵橋由鯉魚潭水庫後池堰跨過，增添許多風采。　攝影／古庭維

Taiwan Railways　鐵道新旅　76.

⬆ 魚藤坪橋在 1935 年大地震中嚴重損毀，斷橋遺址是舊山線最知名的景點。現存鐵橋是 1938 年竣工。　攝影／古庭維

⬆ 俯瞰老鐵橋與斷橋。
攝影／古庭維

⬆ 從茂盛樹林間遠望鐵橋，有森林鐵路的氣氛。　攝影／古庭維

⬅ 橋墩高 40 公尺的魚藤坪橋，在 1938 年竣工時是全台灣最高的橋樑。　攝影／古庭維

舊山線最高人氣，魚藤坪斷橋遺址

另一個著名的必遊景點，就是魚藤坪橋。在一九三五年大地震中，舊的磚拱與鐵橋嚴重損毀。斷橋遺址是舊山線最知名的景點，留下北岸六座與南岸四座磚造橋腳。當初選用磚拱結構，其實只是樽節經費，與美觀無關，災後重建時重建了高四〇公尺的新鐵橋，於一九三八年竣工使用至今。

77. 鐵道新旅 Taiwan Railways

在大山大河大海間悠遊前進的山海線火車

↑ 日落時分，自強號在泰安高架橋上飛奔而過。　攝影／古庭維

↑ 海線名景「清水坡」的稻田景觀。　攝影／王晟懿

← 台灣第一代自強號電聯車通過談文南號誌站。　攝影／古庭維

追尋山海線的稻田景觀

搭火車時，欣賞窗外一畦畦稻田不斷後退遠離，總是令人舒暢無比。山海線鐵路沿途，雖然地勢遠不如南台灣開闊，但稻田背倚著大小山丘，或在河床邊展開的容貌，也是中部地區特有的農業表情。山線在造橋、銅鑼、大安溪、潭子、烏日等路段，海線鐵路在談文、通霄、清水、大肚等路段，都可見到美麗的稻田。

西湖溪穿過了銅鑼狹長的平原，幾許花東縱谷情懷在此現身；高聳的鯉魚潭橋和大安溪橋，從大片的稻田上空飛越，搭車時頗有從空中看家園的親切感；海線列車南下通過台中港站之後，行駛在半山腰上，俯瞰眼前一大片田野，夕陽時灑下金黃，實在讓人難以忘懷。這三個地點，稱得上是山海線田園風光的經典場景。

台灣鐵道絕景之旅

Taiwan Railways 鐵道新旅　78.

出海口與大風車的絕美大景
台灣西海岸最精采的通霄好望角

海線鐵路最接近海岸的地方，就在西湖溪出海口，正式名稱為下三叉河橋。河海交界處的潟湖，隨著漲潮退潮、日出日沒而有不同景觀。南側的台地景觀絕佳，被稱為好望角，是西海岸少見的展望點。

↑ 通霄好望角是台灣西海岸罕見的海岸台地，展望極佳，眺望西湖溪與後龍溪出海口，景觀精采。 攝影／古庭維

→ 亦可向南眺望，任何季節都有適合攝影的光線。 攝影／古庭維

↓ 西湖溪出海口受潮汐影響非常大，各種光線與河水、潟湖的組合，使得下三叉河橋成為海線最高人氣景點。 攝影／古庭維

79. 鐵道新旅 Taiwan Railways

昭和十三年《汽車の窗から》精選
山線、海線古今車窗風景旅行

古今車窗風景
文／翻譯 黃偉嘉

《汽車の窗から》於昭和十三年（一九三八）由鐵道部出版，細膩描繪當時台鐵沿途風光、物產、河山景致。此專欄精選數段內容，供讀者比較七十餘年前的車窗風景，增添鐵道旅行的懷舊趣味。

苑裡（えんり）―日南（にちなん）（七粁八）

苑裡附近的平原出產苑裡米與三角藺。三角藺為林投帽、苑裡席、紙帽、木屐鞋面等的原料，以家庭工業製品輸出至日本內地與海外，年產可達六十萬圓。

請看右邊，稱為第二田子溪的河畔側立有新竹州與臺中州界標，左側後方有一恰如火焰形的山，形而得名火炎山。除適合登山眺望外，亦為野餐、露營的好地點。由車站出發約12.1公里，可乘大日本製糖的臺車及巴士至山腳，由山腳至水門約7.4公里，因是產業道路可享徒步之樂。此時列車已近日南。

1938年《臺灣鐵道旅行案內》的山線、海線示意圖。

Taiwan Railways 鐵道新旅

⬆ 苑裡到日南間的稻田景觀。 攝影／王晟懿

日南（にちなん）─大甲（たいかふ）（四籵六）

導讀

苑裡與大甲位於在日本時代分屬新竹、臺中兩州，當地特產「大甲藺」因政府推廣，享有極佳名聲。附近地標則包括火炎山、大安溪，構成了臺中在地景上的門戶意象。而大甲的鐵砧山除了鄭經屯兵外，民間也流傳鄭成功「插劍禱泉」的故事。不過正史中鄭成功不曾到過這裏，應是後人穿鑿附會之說。

從日南發車，隨即渡過大安溪鐵橋。在此可見蜿蜒八公里餘的大堤防。此河發源自大霸尖山，全長八十七公里，是西部最陡峭的河川。雖然平常水量極少，有如廣漠一般。但衹要遭逢豪雨，就會濁水洪流滔滔，下游的居民莫不為此煩惱。然而護岸工程的關係，現在居民除了免於此難之外，更能利用開墾。鐵橋全長一千二百一十三米，與鐵橋平行的混凝土橋為縱貫道路的大安溪橋。若天候良好，則可由從這座鐵橋，望見位於左側上游遠處的臺中線大安溪鐵橋。

左側的山稱為鐵砧山，適合眺望。據說昔日鄭成功之子─鄭經，為了過制附近蕃人，而在山上設置屯田兵一百名。不久，列車進入大甲驛。

⬆ 海線大安溪鐵橋為鐵公路併用，鐵路與1922年通車，公路則與1934年啟用，是縱貫道的重要橋樑。全長914公尺。2004年兩座橋墩遭洪水沖走，2006年指定為歷史建築。攝影／王晟懿

⬅ 海拔3491.5公尺的大霸尖山有世紀奇峰稱號，1927年由台灣山嶽會沼井鐵太郎完成首登。隔年發表成果並將大霸至雪山稜線稱為神聖的稜線。

⬇ 日本時代大甲附近的鐵道景觀。

⬇ 由三角藺編織的帽、蓆是苑裡非常著名的特產。

Taiwan Railways 鐵道新旅

臺中（たいちゅう）—烏日（うじつ）（七粁二）

臺中市街以鐵道線路大約分為東西兩部分，目前渡過的陸橋之左側區域，相對於右側的市區而稱為「南臺中」，以住宅區型式漸漸發展。

其次鐵橋下方之河川，為貫穿臺中市街南北，以「綠川之柳」而聞名的綠川。在車內看不到的上游有櫻橋，由櫻橋至公園為止的河段，適合釣魚、納涼、無論四季何時皆親近市民，盛夏川邊之柳樹亦添麗人逍遙之風趣，教人有如京都鴨川一般的感觸。

左側之煙囪為生產福祿酒、瑞光酒的專賣局臺中製酒工場。右側建物為明治小學校。目前通過汽油車停留場老松町。一時可以望見右側有著赤煉瓦牆的刑務所。由此之後土地肥沃、氣候適順、加上水利設施完備、物產豐饒之臺中平原即刻展開。臺中平原係由中央山脈及海岸山脈所圍，主要產物為米、其生產量占居全臺灣島第一。鐵道線路正途經臺中平原的烏日、王田方向南行。右側以木麻黃為路樹的道路，為通往彰化方向的縱貫道路。

導讀

由當時的紀錄可知，當時台中市中心除了台中車站外，在南邊1公里處的明治小學校（今大同國小址）還有一個老松町招呼站，專停通勤汽油車，有如捷運化政策的前身。但刑務所（即監獄）早已拆除，只留下附屬的演武場。2006年曾遭大火，幸修復後受到妥善保存，濃濃的日式風情現已成為臺中新興的熱門景點。

當時的臺中市區南界大約就到這一帶，之後就是片片農田的景象。在嘉南大圳完工前，臺中盆地是臺灣最富饒的區域，盛產米。現今的臺中早已成為百萬人大都會，農田變高樓讓人感歎歷史的變化。

⬅ 綠川橋原稱為新盛橋，1908年竣工，是台中市步入現代化都市的象徵。其位置在今天的中山路上，整修後改稱中山綠橋，目前為台中市歷史建築。

⬇ 國定古蹟台中驛於1917年落成，英國維多利亞風格，將近一百年來是台中人引以為傲的地標，同時也是台灣第一座車站古蹟，極具指標意義。

⬆ 台中酒廠已轉型為文創園區。
攝影／黃守宇

➡ 綠川橋今貌。
攝影／古庭維

⬇ 台中與烏日間正在進行高架化工程。 攝影／古庭維 　　⬇ 烏日站前就是擁擠的傳統市場。 攝影／古庭維

85. 鐵道新旅 Taiwan Railways

鐵道寫真家

尋找‧山與海的絕佳風味

最美麗的視覺饗宴

文／王晟懿

我們從車窗外，去看見鐵道的美麗，去找尋這處風景與列車所交織的浪漫。手中的相機，將會留給我們最美的回憶，以及捕捉列車通過時的那份感動。因為感動，我們才能用不同的角度去探尋；因為回憶，我們才能豐富未來的人生。

↑ 夾行在山壁河谷間的平溪線，
經常吸引許多攝影者前往
攝影∕陳威旭

⬆ 全面動工前的台中路段，仍可在都市間尋得一片綠地。 攝影／陳映彤

⬅ 台中港南的大肚山台地，是海線南段名景之一。
攝影／王晟懿

⬇ 竹南，是山海線的分歧處。 攝影／王晟懿

鐵道寫真家

屬於中台灣的鐵道魅力

山線與海線，自苗栗竹南過後分道揚鑣，各自向自己的舞台開疆闢地，直到彰化才再度相會。這兩條貫穿中臺灣的鐵道，呈現出完全異於對方的迷人風貌。通稱「山線」的鐵道，先是漫遊在群山環繞中，最後進入中臺灣的核心處。而「海線」鐵道先伴隨著西海岸風貌一路南下，再通過平原城鎮後，才與山線在彰化合而為一。

兩條路線都具有相當多的美麗景致，我們沿著軌道尋找，選定了兩處作為代表性的景點，亦是鐵道攝影界最知名的地點，山線的山味，海線的海味，將以令人著迷的角度呈現。無論用何種心情、何種相機去捕捉畫面，那都無損所展現的美麗，因為它美的價值已經是從心去感受的。這兩條路線有許多唯美之處，有小巧迷人，有大而壯麗，它們需要你一路追尋才得以瞭解美麗的味道何在。

山線除了即將介紹的景點外，

正在改建的台中路段亦有值得捕捉的地方，苗栗地區也有相當多屬於該地應有的景色。而海線迷人之處，莫過於單線的電氣化路段，在我們認知雙軌電氣化的先進時，單軌區間似乎減少了許多進步的象徵，多了一點緩慢的腳步。因此沿線還有許多豐富的景觀等著你去發掘、去探尋。

⬅ 夾在丘陵地間的山線，亦有平原風貌。
攝影／林韋帆

89. 鐵道新旅 Taiwan Railways

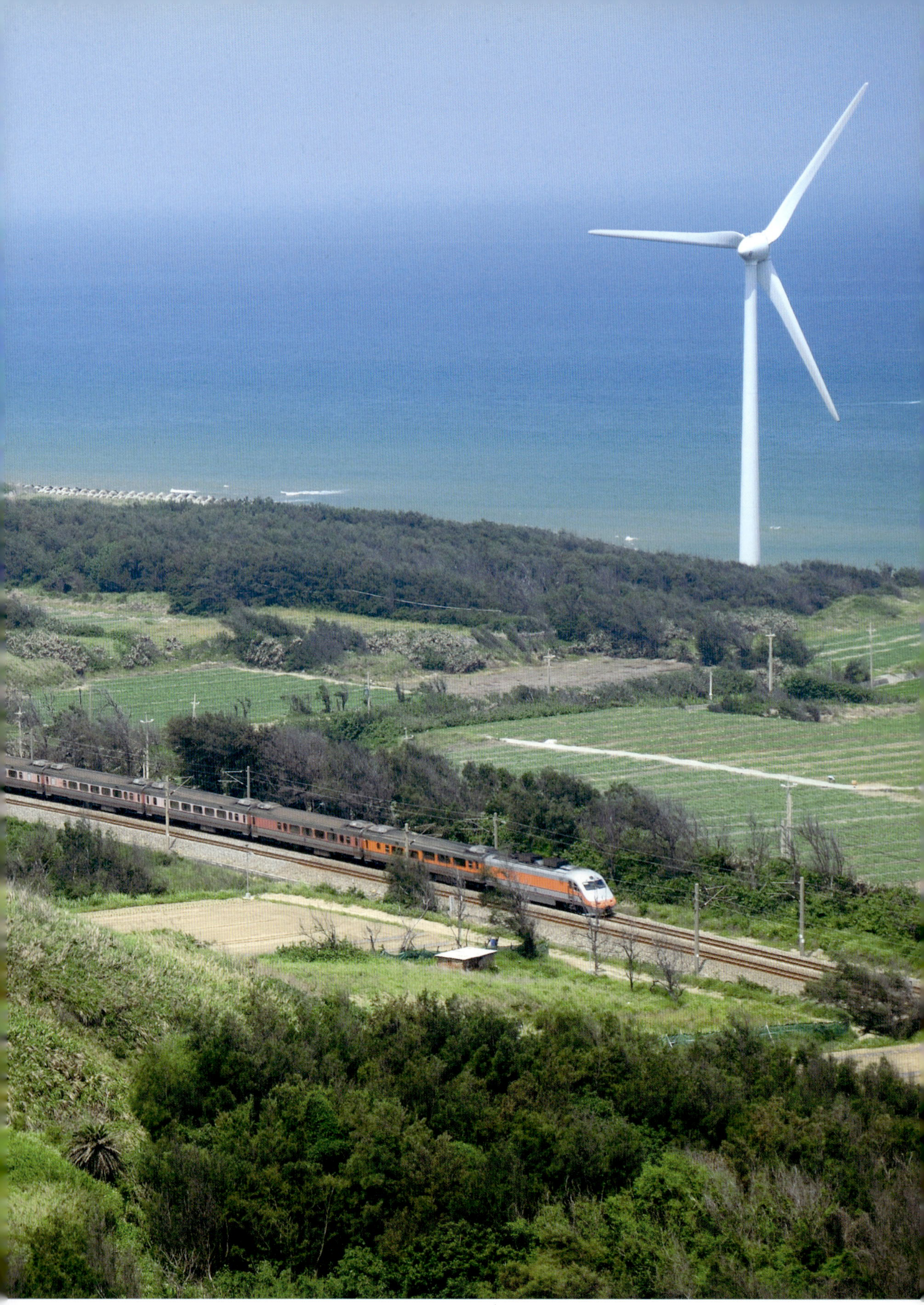

⬆ 海線的味道,從海的相隨開始說起。 攝影/王晟懿

91. 鐵道新旅 Taiwan Railways

↑ 苗52鄉道上，拱橋的雄偉很容易感受出來。　攝影／王晟懿

橫跨山谷間的長龍——鯉魚潭橋

鯉魚潭橋跨越的景山溪，是大安溪的支流之一，上游就是知名的鯉魚潭水庫。開車從台13線往鯉魚潭水庫不久，即可見到雄偉的水泥拱橋。在苗52的路上，即可捕捉列車過橋的畫面，或者仔細找尋往三義的苗51道路，也可以見到俯瞰橋景的好地點。

鐵道寫真家
鯉魚潭橋攝影Tips

鯉魚潭橋如果選擇在橋下苗52的路上，可以善用廣角鏡的優勢，將巨大的拱橋放滿畫面中(如圖A)。由於橋身過大，因此拍攝太魯閣、自強、莒光號這種對比鮮明的車身比較容易看出火車在橋上奔馳。

而位於苗51路上的制高點，則是適合利用中長焦段的鏡頭，將車身及地景一併帶入(如圖B)。因為使用焦段的關係離火車較近，這裡車速也相當快，因此快門至少需超過1/500秒，如果使用輕便DC拍攝，則建議將ISO值調高爭取較高的快門值。

⬆ 在俯視橋景之處，可看出夾在隧道間的大橋景觀。　攝影／陳映彤

⬅ 苗51往三義的沿線，有許多平視或俯視的景點。
攝影／陳柏儒

⬇ 位於苗51最高處，亦是鯉魚潭最高的俯視處。
攝影／洪仲宜

浪潮與風車的相伴—下三叉河橋

堪稱海線第一大名景的下三叉河橋，這跨越三叉河的出海口，經常是捕捉風車、漁人、舢舨與火車的好地點，也是拍攝日落色溫的好地方。這裡交通稱得上方便，自龍港站下車往南步行15至20分，或開車行駛西濱公路南下至後龍交流道後沿著鐵路邊小路過去即可。

⬆ 日落後的迷人色溫，吸引許多人到此拍攝。　攝影／陳映彤

⬆ 在西濱公路慢車道上，也是取景的好地方。　攝影／王晟懿

Taiwan Railways 鐵道新旅　94.

⬇ 夏季的傍晚，很容易抓出日落的氣氛。 攝影／陳柏儒

⬆ 夕陽照射下，剪影的表現非常明顯。 攝影／陳柏儒

鐵道寫真家

下三叉河橋攝影Tips

這裡從西濱公路或河邊安檢所取景，整年的上午都是順光的拍攝條件。使用廣角鏡頭就可拍出相當好的作品，或者善用望遠鏡頭對局部取景，亦可找出喜歡的構圖。下午時分雖然逆光，但等到傍晚時就成了適合拍攝色溫的好地點。最佳拍攝時機是夏日的傍晚5～7點左右，平常大家忽略的區間車等車身較短的列車就成了剪影的首選，而利用相機的白平衡，嘗試「陰天」、「室內」或調整白平衡K數，都可以輕易的表現出迷人的色溫，颱風前的日子更有機會拍到多變的雲層。

⬇ 下三叉河最標準的構圖，是許多人最常拍攝的角度。 攝影／王晟懿

鐵道寫真家

迫力列車・縱貫山海線

大甲溪高山風情溯源起點──豐原站與東勢站

文・攝影／陳映彤（特記除外）

↑ 后里站南方為地形起伏較大之處，坡度在長鏡頭的壓縮下呈現誇張的效果。 后里＝豐原

穿越中部都會，描繪山線核心

山、海線兩條鐵路南北貫穿了苗栗、台中，而因為都市發展於山側較為密集，造就兩條幹線鐵路相當不同的環境氛圍。

山線鐵路串連了沿途的都會地帶，穿梭在林立的樓房之中。背景成群的大樓也許沒有草木山林那般賞心悅目，但卻代表著都市不可抹滅的發展進程。目前逐步進行高架化的都市區段，也許在未來幾年也將展現另一番城市鐵路的新風貌。

山線險降陡坡，回首過往瓶頸

山線之所以稱為山線，是因為它除了連結都會外，更是一條穿山越嶺的鐵路。險峻的陡坡在歷史上一直都是山線鐵路行車上的一大難題，其中又尤其以三義、

Taiwan Railways 鐵道新旅　96.

鐵路於南勢附近亦位處於高低起伏的地勢中，線型也因此而富有變化。 南勢＝銅鑼

北上的太魯閣號列車自后里台地滑下，準備通過泰安車站。 后里＝泰安

勝興、泰安、后里這段盤跨、彎繞於山林的區間為最大瓶頸。陡坡不僅考驗著列車的性能，更影響了行駛的速度，而成為過去舊山線過渡改線為新山線的主因之一。

目前的山線採用了更多的高架橋樑與更長的鐵路隧道，以及改線後筆直的鐵路線形，大大改善了原有舊山線在行車上的諸多限制。但畢竟山線所經之處還是有著地形等種種先天上的因素影響著，所以還是在所難免存在著連接不同高度差之間的起伏線形。

這些坡道在經過長鏡頭景的空間壓縮手法的詮釋下，呈獻誇張的的坡度變化，彷彿重現了舊時山線的瓶頸場景。目前山線區間內這種鐵路起起伏伏的有趣畫面，主要集中於南勢、豐富、泰安、后里等地形起伏較大、穿越在山林之間的地區，再搭配上翠綠的自然背景，呈現十足的山線南端，其中在山線泰安車站月台上，自后里台地滑行而下準備通過泰安車站的畫面，彷彿長長的列車溜著滑梯一般，非常有趣。

↑ 於單線的電器化區間攝影最大的益處，即是取景較不受電桿位置的束縛而更具彈性。 追分＝大肚

單線電化區間，海線純樸風情

相較於山線的熱鬧忙碌，海線沿途的風光則是顯得純樸悠閒。海線鐵路由於運量較低並未全線雙軌化，因此尚留存著部分的單線區間，這也是目前台灣已電氣化的幹線鐵路中所僅有的。單線鐵路總是帶來樸實且更能夠親近的感覺，且少了列車交會的風險、電桿集中於單側讓攝影取景富有更大的彈性，都是海線鐵路單線區間給人的友善印象。

海線興築之初的一大考量，為的就讓負載較重的貨運列車，得以避開山線鐵路的陡坡以分擔運量；換言之，貨物運輸可說是海線鐵路的另一個經濟命脈。然而隨著貨運業務量逐年緊縮，海線的榮景也不如以往，但位於龍井車站北方的龍井煤場，每日向北供應林口發電廠所需的燃煤，仍舊是海線貨運的大宗。看著柴電機車拉著一長串黑色的煤斗車，或是龍井與彰化間上、下班的車頭輕快的回送，這一幕幕代表的都是過去陪伴台灣經濟越趨繁榮的幕後推手。

Taiwan Railways 鐵道新旅　98.

透各種鏡頭,看著觀景窗內去蕪存菁後的構圖,等待列車通過的一瞬。畫面中巨大的列車身影,搭配著在地的獨特背景,以及左搖右擺、高低起伏的鐵路線形,也能成為獨樹一格的鐵道趣味。

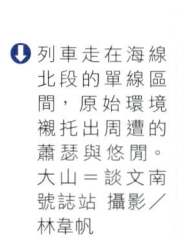

⬆ 少了雜物的阻礙,在安全的範圍內運用廣角鏡頭取景,也能輕易拍出列車迫力。
日南=大甲

⬇ 列車走在海線北段的單線區間,原始環境襯托出周遭的蕭瑟與悠閒。
大山=談文南號誌站 攝影/林韋帆

沿海而行的鐵路,自然是不會有山線鐵路那般壯闊的山林景致,但於台中港車站至大肚溪橋之間,在鐵路東側大肚台地的大片草坡,就如同畫布般襯在列車後方,成為隨著季節而變換顏色的巨幅背景,也為海線鐵路增添更多的自然顏色。

99. 鐵道新旅 Taiwan Railways

⬆ 抵達龍井煤場完成輸送任務後，柴電機車便會踏著下班的輕快步伐，獨自迴送彰化。 大肚＝追分

⬆ 煤斗空車自林口電廠返抵龍井煤場，林口電廠所需燃煤運輸逐步由台北港取代，且林口線鐵路面臨停駛命運，未來以鐵路運輸燃煤的畫面終將消失。 龍井煤場 攝影／陳柏儒

⬆ 柴電機車牽引著沉重的煤斗重車，沿途引擎嘶吼咆嘯駛向林口電廠。 日南＝苑裡

➡ 初夏綠油油的大草坡襯著列車，成為巨幅的美麗布景。 台中港＝清水

Taiwan Railways 鐵道新旅　100.

101.鐵道新旅 Taiwan Railways

台灣鐵道車窗名山景

在台中盆地將大山名岳一網打盡

文／古庭維　圖／古庭維　崔祖錫

在萬里晴空的日子搭火車，經過烏日附近時，請務必睜大眼睛，往東邊的方向看。台中盆地的天際線，比想像得還更遙遠，因為那層層山巒的最後，是海拔超過三千公尺的中央山脈主稜線。

干卓萬山　卓社大山　大尖山　水社大山

↑ 從烏日可欣賞中央山脈名山百岳（崔祖錫攝影）

相逢可惜不相識，精采風景別錯過

山線和海線的鐵路經丘陵地帶，視野時常被遮蔽，但進入台中盆地後，上演了精采的山岳景觀。烏日站前後的鐵路朝西南方前進，又是尚未都市化的地區，視線直抵中央山脈主稜線。奇萊南峰海拔三、三五七公尺，名列十崇，圓潤的草原峰頂，和刻板印象中危險艱難的奇萊山截然不同。能高主山海拔三、二六二公尺，其命名據說源於北白宮川能久親王的「能」。能高南峰三、三四九公尺，名列十峻，山勢陡峭如尖刃，非常難以攀登。此外，同屬百岳的白姑大山、干卓萬山、卓社大山距離稍近，大山氣勢展露無疑。欣賞高山要天氣配合，山海線沿途最容易看到，又造型出眾的山，當屬大安溪畔的火炎山，尤以黃昏時分的色彩令人難忘。

白姑大山西峰　　八仙山　　奇萊主山南峰　　能高主山　　守成大山

▼ 卓社大山以十八連峰著稱,海拔 3,343 公尺。

▼ 火炎山是山線鐵路的著名地標(崔祖錫攝影)

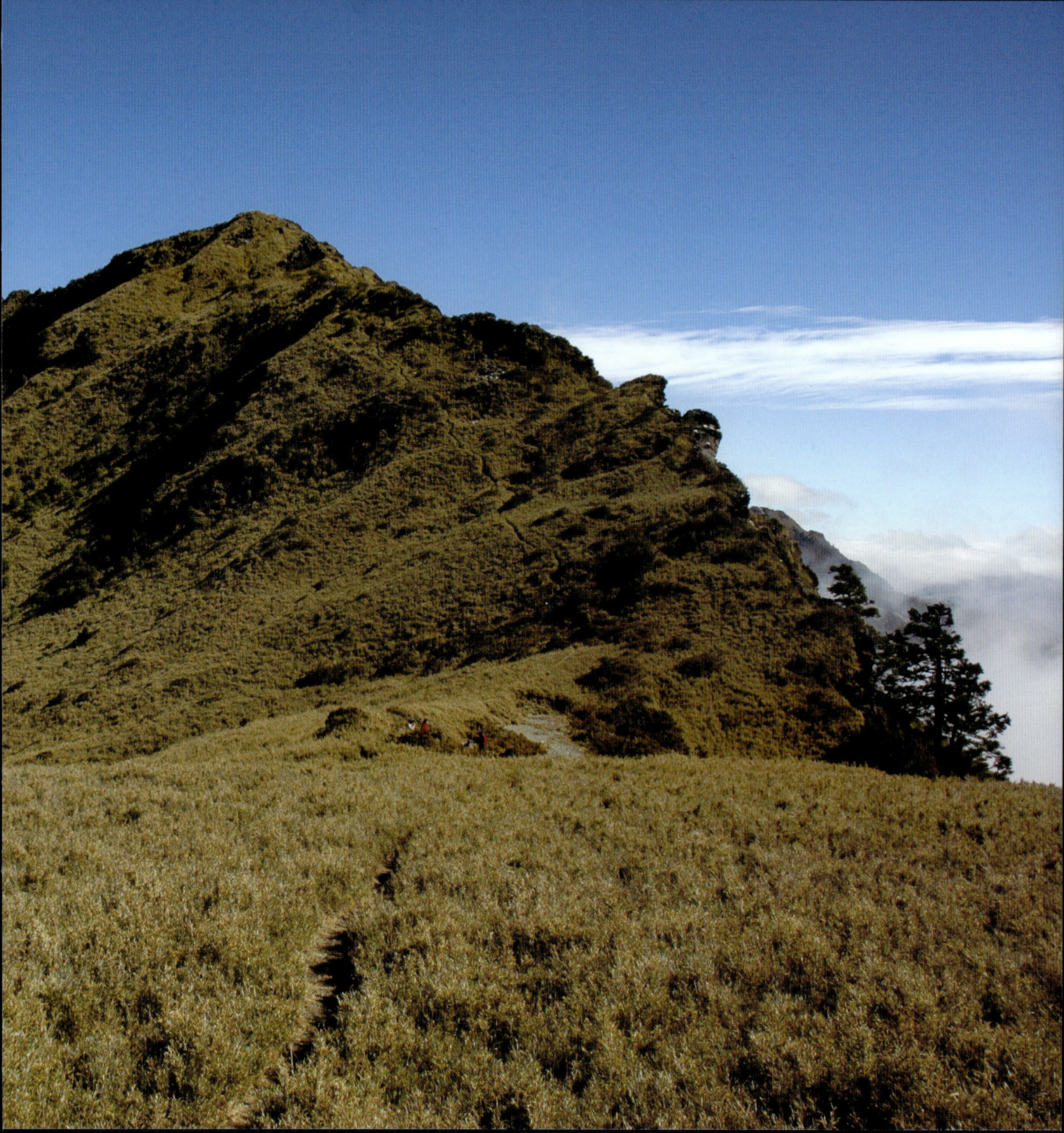

⬆ 海拔 3,349 公尺的能高南峰屬十峻之一。

⬇ 由能高主山北望奇萊南峰。

⬆ 奇萊南峰的山頂是平坦草原。

⬆ 海拔 3,282 公尺干卓萬山。

鐵道沿線，歷史名場景
日俄戰爭台灣也軋一角？

文／攝影 古庭維

一九〇四年日俄戰爭爆發，波羅的海艦隊繞了大半個地球，來到太平洋西岸，台灣成了監控艦隊的前哨站。戰爭結束後，日本政府在設置瞭望台的通霄虎頭山，立下日露戰役望樓紀念碑。

↑ 字跡被修改後的日露戰役望樓紀念碑。

走入通霄虎頭山的幽靜氛圍
神社懷舊與日露戰役望樓紀念碑

離通霄車站不遠的虎頭山，標高僅九三公尺。一九三七年，配合當時的政策，在此設立通霄神社。國府來台後，時常將神社拆毀改為忠烈祠，通霄神社也不例外，但除了本殿改建，殘存的木造社務所、休憩所、石燈籠、鳥居、參道階梯等格局依然完整，是相當清幽的好去處。距離神社不遠的山頂上，則有一座「台灣光復紀念埤」，埤顯然是錯字，應該是碑才對。這個紀念碑造型相當特別，以指天的砲管造型為主體，相連一個船錨，其實是一座日俄戰爭的紀念碑。遠在遼東半島的戰場，竟然會與台灣有所關聯？這是因為當年俄軍受到海上封鎖，沙皇命令波羅的海艦隊馳援，遠道經好望角、麻六甲再北上，途中必定會經過台灣；因

⬇ 通宵神社格局仍完整。

⬆ 木造的神社社務所。

⬆ 眺望通宵發電廠。

⬇ 眺望海線鐵路。

此日軍在虎頭山上設置瞭望台，監控艦隊的蹤跡。據說在一九〇五年的五月，虎頭山的哨兵終於發現艦隊，火速通報前線，在對馬海峽給予迎頭痛擊；戰爭結束後，為了緬懷虎頭山的貢獻，在此立碑紀念。然而根據史實，當年俄軍艦隊是走大圓航線，從台灣的東側通過，通宵的紀念碑，應該只是政令宣傳的用途而已。但不論如何，這的確也是台灣與日俄海戰的連結點，是一段不能忽略的歷史故事。

107. 鐵道新旅 Taiwan Railways

鐵道園區

文／攝影 古庭維

海線大本營與山線前進基地
——山線、海線古蹟車庫巡禮，鐵道園區輕鬆參訪

↑ 日本設計、美國生產的DT560型。

鐵道與地形的障礙，時常創造不同的故事，這就是山海線特別迷人之處。一般而言，為了維持火車穩定運行，得建立完整的後勤保養基地，在台鐵編制中稱作「機務段」。其地點當然會和起迄站、行駛距離有關，例如台北、新竹、台中都有機務段。但是在山線的苗栗車站，也設有一個機務段（目前為機務分駐所），它的任務，就是特別負責苗栗到豐原間，最難行駛的越嶺路段，替火車爬山做準備。然而隨著設備和路線的精進，早已失去實質機能。一九九九年，台灣正在蒸汽機車復活的熱潮中，台鐵順應潮流，利用苗栗機務段的空間，規劃苗栗鐵道公園，除了收集台鐵自己的珍貴車輛，還納入台糖和阿里山的火車。這當中最古老的是一九○○年代的轉向架，是國寶級的文物。一旁室內空間陳列文物、模型、文獻；最

⬆ 苗栗鐵道公園陳列許多老火車。

⬇ 台鐵第一代柴電機車 R0 型。

⬆ 建於 1937 年的苗栗機關車庫。

特別的是「投煤訓練場」，這是蒸汽火車時代訓練駕駛的場地，若由團體預約參觀，還會邀請老師傅重現身手。這個園區的規劃與呈現，距離博物館還很遙遠，但已是台灣最大的保存場地。鄰近的機關車庫，曾毀於大地震，一九三七年重建完成，是台灣第一個為了電氣化需求而設置的車庫。位在新、舊泰安站區的「泰安鐵道文化園區」，氣氛截然不同。除了舊山線的老車站、隧道、鐵橋等古蹟，高架的新泰安站別具特色，橋下陳列的S302號柴電機車，曾在一九七六年北迴鐵路分段通車時，搶先前進花蓮。

109. 鐵道新旅 Taiwan Railways

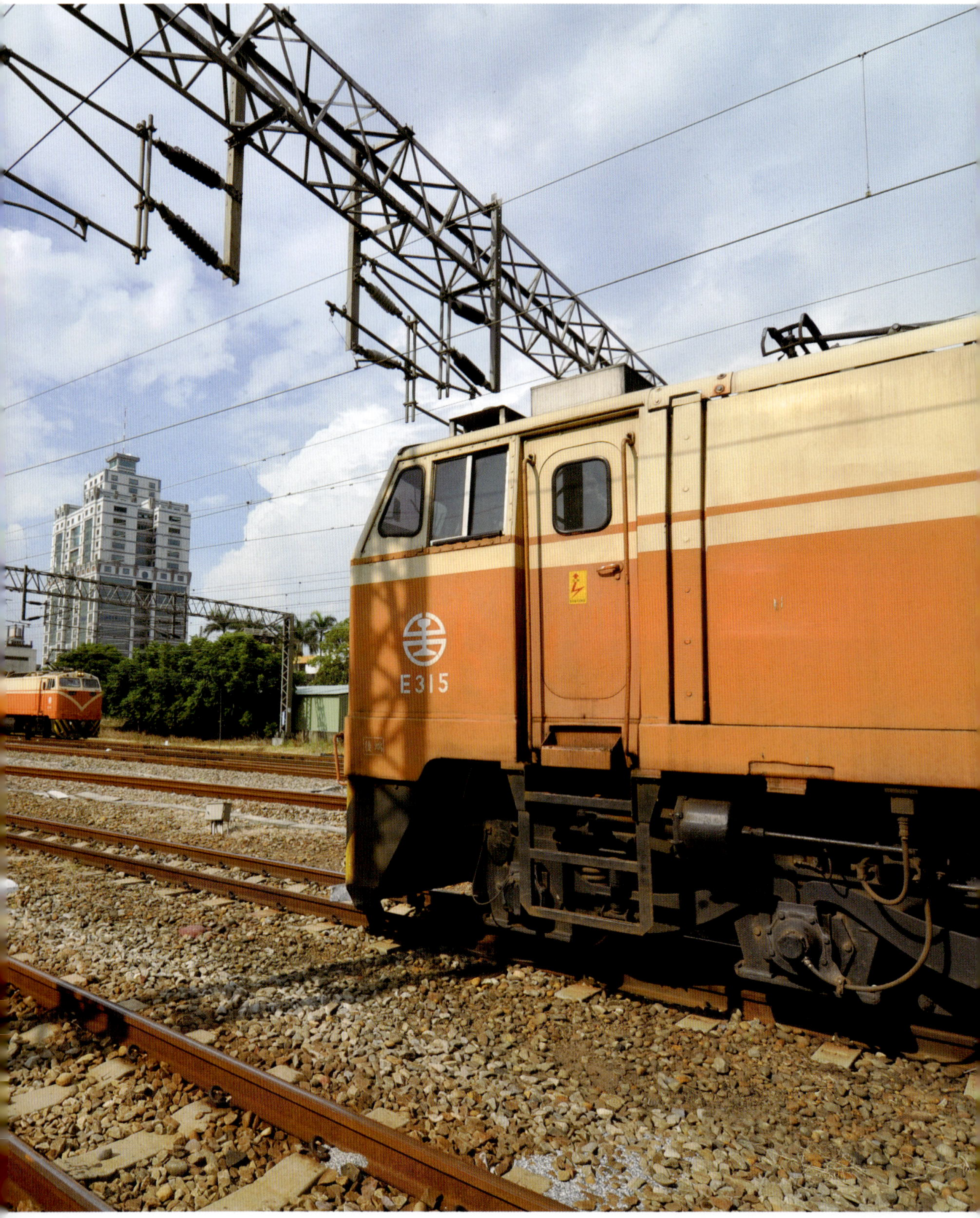
E315

⬆ 彰化機務段最見的 R20 型柴電機車。

⬇ 這組轉向架歷史超過一百年，彌足珍貴。

⬆ 老師傅在投煤練習場示範。

⬆ 在苗栗鐵道公園也可以欣賞山線火車往來穿梭。

台鐵車站難得的鐵道休憩空間

海線在一九二二年通車，因應新路線的開通，在山海線交會的彰化站設立新的機務段。著名的彰化扇形車庫便是源自於此。扇形車庫充滿線條組合的趣味，以轉車盤為中心，向外輻射多條鐵軌，建築呈圓弧狀。早年在台鐵的路線上，台北、新竹、嘉義、高雄港、高雄等站也都擁有這樣的建築，但彰化這座卻是碩果僅存。一九九五年，台鐵原本計畫將老車庫拆除，幸好由鐵道文化協會積極爭取，終獲保留；當年對鐵道文化保存不以為然的台鐵，如今也將扇形車庫當作文化形象的招牌，是政府開始重視鐵道文化資產的轉捩點。仍在使用中的扇形車庫，是一座活生生的古蹟，只要在大門口登記即可進入，但也要注意自身安全。車庫中除了現役的柴電機車，還有CK101、CK124和DT668蒸汽機車。車庫外另有退役的蒸汽大吊車以及台鐵第一代電力機車E101，也值得一看。

⬆ CK101 蒸汽機車。

⬆ CK124 蒸汽機車。

⬇ DT668 蒸汽機車。

⬅⬆ 全台灣碩果僅存的彰化扇形車庫。

記憶中的鐵道

文／攝影 鄧志忠

潭雅神綠園道的前世情緣
——神岡支線 潭子～清泉崗

潭雅神綠園道的前身
竟是神祕軍事鐵道支線

串聯著潭子、大雅與神岡的「潭雅神綠園道」，優閒地展築於大肚山麓，這是一條風景優雅的自行車道，但許多人卻不知道這條「潭雅神綠園道」的前身，竟是一條維繫著國防的軍用鐵道—神岡支線。

這條曾在記憶中出現的軍用支線，於民國46年3月5日竣工通車，鐵道修築的主要目的是為了運送空軍清泉崗基地與海軍陸戰隊基地的軍用物資，不過更鮮為人所知的是，這條鐵道也曾在越戰期間支援美軍運送戰備油料。

隨著戰爭的結束，神岡支線仍肩負著大肚山上軍事單位物資運輸的幹線，在演習期間常常可以看見軍方在清泉崗站內大玩坦克車和吉普車「上鐵皮」的裝卸任務，不過偶而也穿插載運補給用的蔬果、冷凍肉品的貨車出現。

這條從台鐵縱貫線山線的潭子車站北邊所分歧出來的神岡支線，路線似英文字母「T」，鐵道沿線設置社口號誌站、神岡站、清泉崗站與油庫站，民國81年6月30日神岡支線降為潭子站的站內專用側線，成為當時台鐵最長的一條站內側線。但是和國內許多軍用鐵道的命運一樣，神岡支線也難逃停用拆除的命運，民國88年7月1日這一天，這條神祕的軍用支線正式「除役」。

⬇ 神岡線的終點—清泉崗站，有一座小月台供國軍副食供應站使用，偶爾也會有載運補給品的蔬果、冷凍肉品的貨車出現。

⬆ 神岡線是支線上的大站，除了提供列車調度與交會，還設置了蒸汽火車專用的水塔、水鶴與煤台。

⬇ 民國78年左右的神岡線終點，從這個平交道可以看見整個清泉崗站。

⬇ 神岡站內配備有水鶴與煤台，當然也少不了卸煤坑。

⬆ 深秋的神岡站，印滿了黃橙色的風情畫面，如今僅能追憶。

⬆ 記憶中的神岡線站房，是個沒有月台的車站。

115. 鐵道新旅 Taiwan Railways

車站時光

文／鄭育安

穿越時空的海線散步
——大甲帽的故事

海線是個容易使人放鬆心情的地方，筆者於高中時期，常獨自一人，搭著火車，來到海線，吹著風，望著大海，拜訪傳統古樸的木造車站，沉澱自己的心情。除此之外，我曾經想著，這些海線車站，與他背後的城鎮，究竟和現在有什麼不同？他們曾經擁有怎麼樣的歷史過去？這些問題就這麼好奇，去年台鐵推出的「幸福一百」，苑裡車站的印章上，為什麼會有一個草帽，還有一個像草蓆的編織物？實際走出苑裡車站，卻也尋不著印章上圖像的蹤跡，這究竟是怎麼一回事呢？要了解這個問題，我們搭著火車前往大甲，出站後，人來人

▶ 苑裡車站的幸福一百印章圖。

⬆ 全台知名的大甲鎮瀾宮。

⬆ 目前編制為二等站的海線大甲站。

⬇ 日治時期大甲街上編織大甲帽。

Taiwan Railways 鐵道新旅 116.

往的大甲鎮瀾宮，就在車站不遠處，香火鼎盛。而究竟苑裡的草帽，和大甲有什麼淵源關係？相信了解台灣經濟發展史的人都知道，日治時期，台灣中部出產的大甲帽非常有名。而這個大甲出產的大甲帽又是如何和苑裡扯上關係？大甲盛產大甲藺，早於清代，大甲人就常到鄰近蕃社，以以物易物的方式，向原住民交換藺草製品，而最早的製品就是大甲蓆，而漸漸的，大甲蓆的發展也開始商業化了起來，大甲也因此成為大甲蓆的集散地。日治時期時，大甲藺開始改編織成草帽，受到舉世熱愛，成為出口主流，因此大甲帽也開始打響了其知名度。

大甲帽的編織，除了使用藺草之外，也有林投帽、紙帽、麻帽等，而藺草的主要產地主要集中在大甲及苑裡兩區，因而苑裡時也為編織草蓆與草帽的主地，只因大甲為產品的出口集散地，而以大甲帽出名。於日治時期的苑裡、大甲、清水街頭，常見婦女坐在家門前，編織草蓆與草帽，恐怕今天的我們，在拜訪車站，走訪城鎮之虞，已難以想像了吧。

車站紀念印章的世界
──日本時代・台灣鐵道

紀念戳章物語
文／圖 片倉佳史

充滿魅力的印章世界

日本時代的台灣，鐵路車站也有放置車站紀念章。因是鐵路迷風潮還尚未普及的時代，要全數掌握車站紀念章的狀況，並非容易。不過，刻印的圖樣是非常有新鮮感以及當地的圖畫風景的，擁有吸引眾人目光的魅力。

關於日本國內的車站紀念章起源的說法有很多種。較被認同的說法是，比如說在1920年代後半因應急速增加的旅行者需求，產生了許多印章。我所收集的紀念印章當中，也有1932年被蓋印的印章。在當時，不定期的會推出新的紀念印章圖案，逐漸增添了多樣性。

印章中所刻畫的台灣

日本時代的台灣紀念印章幾乎很少限定單一題材，因此刻印了豐富的圖案種類。最常見的是以自然景觀為主題，從新高山（現玉山）等許多山脈、濁水溪以及下淡水溪（現高屏溪）等河川，甚至海洋的圖案都有。除此之外，歷史建築物以及文化設施也很常見，具體舉例來說，台南的赤崁樓等歷史著名景點，比如台灣總督府（現總統府）、台灣總督府博物館（現國立台灣博物

在印章上很巧妙地刻劃出該風土的特色。主題也很豐富，具體來說比如特產品、名勝古蹟、風景、自然景觀、動植物等等。並且都採用了具有親近感的筆觸來刻劃。

始被放置於北陸本線福井縣的紀念印章。台灣也幾乎在同時期開始出現此類的印章。可參考1931年開

⬇ 北台灣最重要的基隆港。

⬆ 台中市街，圖中為台中州廳。　　⬆ 台灣最高峰新高山。

Taiwan Railways 鐵道新旅 118.

番子田 HASHIDEN

是將嘉南平原變為更豐沃的烏山頭水庫的車站。用文旦作為紀念章的外框也是很稀有的。在眼前的是明治製糖株式會社的母公司以及總爺製糖所的煙囪，在後方是烏山頭水庫以及珊瑚潭蓄水池。畫上的水壩風景是正在放水中的景象，以及綿長的堤防。背景有「烏山嶺」的群山。現今的站名為隆田。

🔼 過去常以日本少見的木瓜來代表「南洋」風味。

花蓮港（現花蓮）KARENKOU

是放置在觀光旅遊中心的印章。外框是吹奏著口琴的太魯閣族少女。在吊橋下方的是太魯閣峽谷天祥集落的櫻花。在谷底是挖掘砂金的象徵，也可看成吊橋。在右邊是日本昭和年代裡作為運貨的大型船。現今的站名為花蓮。

🔼 台灣製糖株式會社的糖廠是屏東地標。

在台灣有幾種車站紀念印章呢？

雖然在台灣有好幾種的車站紀念印章，但很可惜的是相關細節無法查明，包含日本時代存在於台灣的車站紀念印章總數以及其內容都是一個未解謎題的狀態。車站紀念印章並不限制在主要車站才有放置，每個車站也不限定是否只會放置一個。這是因為準備新的車站紀念印章的時候也不會丟棄舊的。因此也有的車站會放置多個印章。印章的圖案也會因年代不同，注重的設計重點也會改變。像是一開始是圓形印章為主流，漸漸地比較可顯示個性化的各種形狀印章也增加了。

此外，車站紀念印章基本上是由台灣總督府鐵道部訂購，但是也有旅行社所準備的觀光紀念印章，或是像在八堵有由鐵路職員自行訂製印章的例子。此外，基隆到高雄的「急行列車」內也有放置乘車紀念印章。

接下來較被使用的是風景名勝以及觀光景點、傳統工藝品還有特產品。作為特產品來說，強調南洋風情較為合適，因此也常使用水果。尤其當時在日本幾乎看不到的鳳梨、木瓜、香蕉、蓮霧以及文旦也是常見的。除此之外，地方產業也會被拿來作為圖案，比如平鎮的茶業栽培和苑裡的帽子，還有製糖廠等等。

另一方面，台灣固有的文化遺產以及滿清時代的建築物較少被刻畫也是事實。理由不用多說，車站紀念印章是站在統治台灣的立場而誕生的。換句話說，車站紀念印章是站在統治台灣的立場來製作，可一窺想要誇耀自己統治殖民地成績的心態。

與戰爭一同迎向落幕，又再復活的車站紀念章

到了1930年代後半之後，社會狀況產生了變化，跟隨著戰爭的加劇，非民生必要的觀光旅行事實上也被禁止了，也因此，車站紀念印章也跟隨著衰退。而台灣的車站紀念印章文化可說是被強烈地斷絕了。

到了戰爭結束以後，台灣的統治者替換為從中國來的中華民

造橋 ぞうきょう

造橋是一個位在小盆地裡的聚落。此地適合種植柑橘類為主的水果。周圍的山林地有茂盛的相思樹,可用來作為木炭。車站東南方有錦水油田,日本石油株式會社曾在此進行開採,並設立有汽油和揮發油的製造工場。本站於一九〇三年(明治三六年)十月七日開業。紀念印章是錦水油田的圖案,其中描繪了煉油廠與鐵塔。

苗栗 びょうりつ

苗栗位在後龍溪的上游,是夾在中央山脈與海岸丘陵之前的盆地。這個區域水質優良,肥沃的土壤孕育各種水果,尤其以柿子、李子和椪柑著稱。郊區的出礦坑出產石油與天然氣,列車進入苗栗市街之前,可以見到日本石油株式會社台灣製油所。而紀念印章的圖案,雲朵在空中飄浮著,在丘陵的後方可以見到開採石油的鐵塔。

政府。接收了全數的鐵路設施,也禁止了車站紀念印章。之後緊接著來的是長久持續的白色恐怖時代,旅行這件事情離市井小民們更加遙遠了。而車站紀念章也隨著這段時期被遺忘了其存在。

但是,到了1990年代強力地推向民主化之後,漸漸地形成了台灣國民旅行的習慣。也因好景氣的關係,台灣進入了空前的娛樂風氣。

在日本,壓印紀念章的嗜好已經有一定的穩定性。但是,筆者認為台灣的紀念章風氣比日本更為風行。台灣的紀念章充滿著豐富的個性化,也有不少從日本來的愛好家。從日本時代開始的台灣紀念章文化,在同樣的土地上傳承至今,真是令人打從心裡感到開心。

此外,在本稿所刊載的紀念章,是從拙作的《台湾風景印―台湾・駅スタンプと風景印の旅》(玉山社)當中節錄出來的。感興趣的讀者可以從這邊參考。

Taiwan Railways 鐵道新旅 120.

竹南彰化間路線略圖

— 記念戳章物語

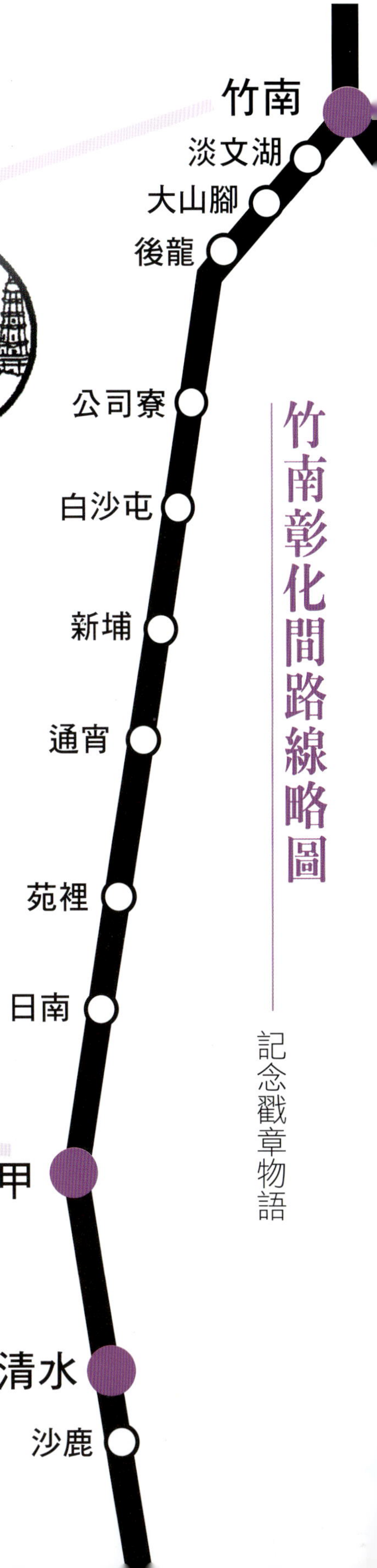

竹南 ちくなん

竹南是海線與山線（台中線）的分歧站。原本經過台中的路線才是主線，由於要提升速度及增強貨物的輸送，因而於一九二二年（大正十一年）沿著海岸新開了路線（現在的山線）。由於海線的坡度較緩，因而開通以來大部分的貨物列車就改由海線行駛。本站於一九〇二年（明治三五年）八月十日設立。車站東側是帝國製糖株式會社中港糖廠。而車站的印章，描繪的是佛教勝地獅頭山。右邊有超昇靈塔，左邊山上則可見勸化堂。勸化堂的背後，黑色區塊有獅頭的形狀，而這就是獅頭山名稱的由來。

大甲 たいこう

這個地方被夾在大安溪與大甲溪之間，稱為大甲平原，是一處蓬勃發展的商業城鎮，是周圍區域的產物集散地。大甲之所以聲名遠播，是由於巴拿馬帽和草席。巴拿馬帽是此地的特產品，紀念印章也以此為主題。大甲鎮瀾宮與媽祖並未登場。這是一個典型以地方特產作為圖案主題的印章。

竹南
淡文湖
大山腳
後龍
公司寮
白沙屯
新埔
通宵
苑裡
日南
大甲
清水
沙鹿

竹南彰化間路線略圖

― 記念戳章物語

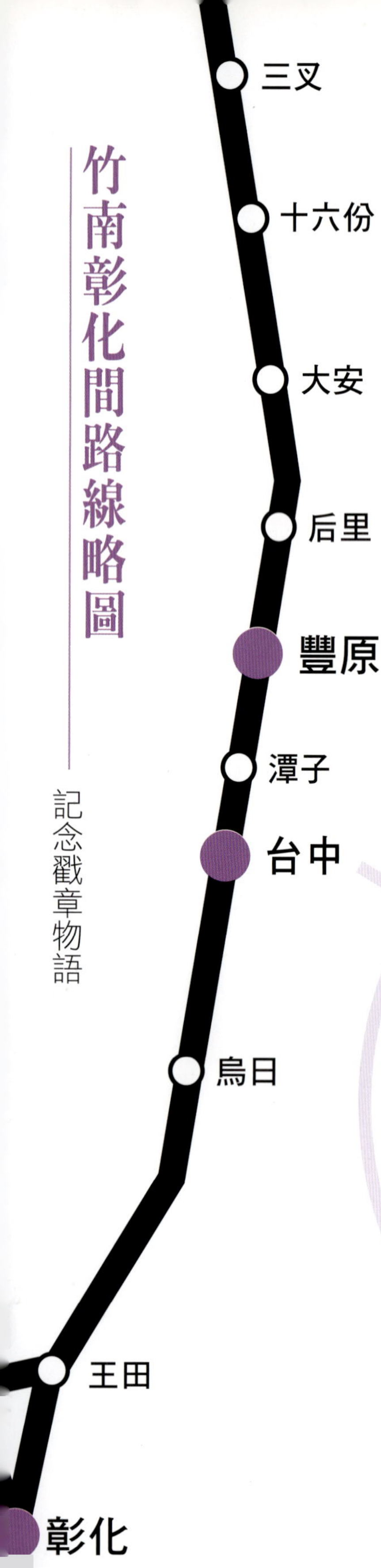

- 三叉
- 十六份
- 大安
- 后里
- **豐原**
- 潭子
- **台中**
- 烏日
- 王田
- **彰化**

豐原 とよはら

一九〇五年（明治三八年）五月十五日設站。當時的站名是葫蘆墩，在一九二〇年（大正九年）改為現在的名稱。周圍各地的物產皆匯集於此地，終日忙碌，相當熱鬧。紀念印章為昭和八年壓印，圖案中央是大甲溪，右前方是搖曳的稻穗，左側描繪了八仙山的森林。蛇形的大甲溪上游處，有著明治溫泉（現谷關溫泉），其背後的山峰，是台灣第二高峰次高山（現雪山）。

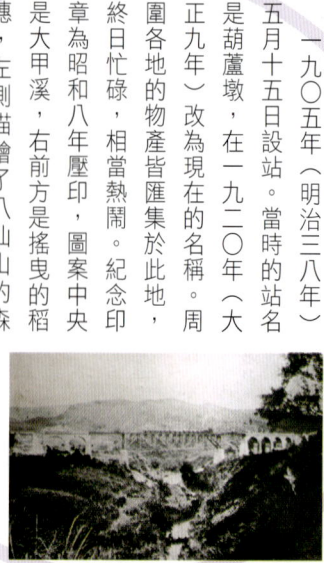

台中Ｉ たいちゅう

台中是一個因縱貫鐵道開通而繁榮的都市。紀念印章以市區內的綠川橋作為設計，可以見到市民引以為傲的路燈。此外，沿著河畔種植的柳樹也放大呈現。在日本時代，台中被稱作是台灣最美麗的城市。

台中ＩＩ たいちゅう

這個昭和十三年時台中站的印章，主題是台中公園的湖心亭，並且直接以亭子的輪廓作為圖案的外框，相當罕見。圖中屋頂的部份表現的是綠川沿岸所植的柳樹，中央則是綠川橋的樣貌，「台中驛」文字的上方則是台中公園內的假山。

清水
きよみず

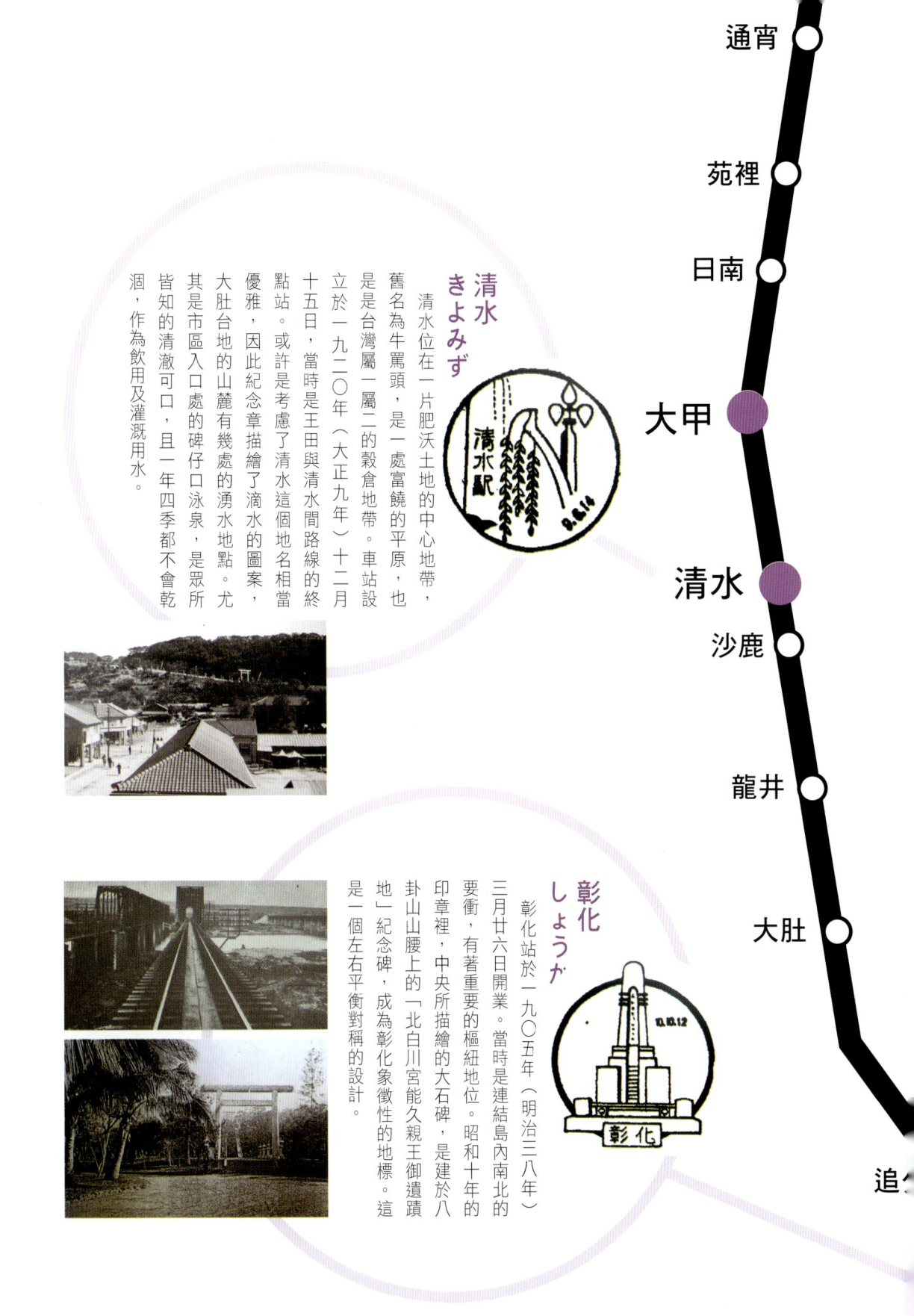

清水位在一片肥沃土地的中心地帶，舊名為牛罵頭，是一處富饒的平原，也是台灣屬一屬二的穀倉地帶。車站設立於一九二〇年（大正九年）十二月十五日，當時是王田與清水間路線的終點站。或許是考慮了清水這個地名相當優雅，因此紀念章描繪了滴水的圖案，大肚台地的山麓有幾處的湧水地點。尤其是市區入口處的碑仔口泳泉，是眾所皆知的清澈可口，且一年四季都不會乾涸，作為飲用及灌溉用水。

彰化
しょうか

彰化站於一九〇五年（明治三八年）三月廿六日開業。當時是連結島內南北的要衝，有著重要的樞紐地位。昭和十年的印章裡，中央所描繪的大石碑，是建於八卦山山腰上的「北白川宮能久親王御遺蹟地」紀念碑，成為彰化象徵性的地標。這是一個左右平衡對稱的設計。

名片式車票

從普通列車到追分成功
——海線名片式車票尋跡

文／圖 蘇棨豪

有「剪斷線」的車站，堪稱普快車票的歷史博物館，也讓我們看見車票版面隨著年代的推進不斷改變的最佳實例；另外復興、復興／電車票參雜存在，也表現出在區間車引進初期車種定位不明的「曖昧」狀況。追分與大肚則以「追分成功」、「大肚成功」吉祥票一「票」而紅，吸引許多遊客前往遊歷並購買車票以紀念或分送，追分站也因此成為海線車站中著名的景點車站之一。

在購買名片式車票之餘，別忘了細細品味自日據時代保留至今的木造站房，不論是充滿和式風味的造型，古典的迴廊、欄杆、座椅及售票口，抑或是展現建築工藝及智慧的屋頂的木樑結構、牛眼窗設計，都是值得仔細觀察的特色。

整個山海線中，仍有販售名片式車票的車站共有大山、日南、大肚、追分四個海線車站，除大肚之外恰好是海線五個木造車站中的三個，在古色古香的木造車站內集票，彷彿走入了過去的旅行記憶，使得集票的風味更加的深邃而迷人。

大山站和日南站的名片式車票，以普快車票及復興／電車票（區間車）為主，也反映這兩站以通勤為主的客源。即使區間車早已代替普快車，但拿著一張張的普快車硬票，仍能讓人回想早年搭著普快車，趴在窗邊吹風的旅行時光。日南站甚至還留有普通車、快車費率合併之前的「普通車」車票、目前唯一還能買到的反共標語票、短式普通車回票，還有普快費率合併之後仍的特色。

↓ 以「追分成功」一「票」而紅的追分車站，同時也是許多人拜訪的景點車站之一。

Taiwan Railways 鐵道新旅 124.

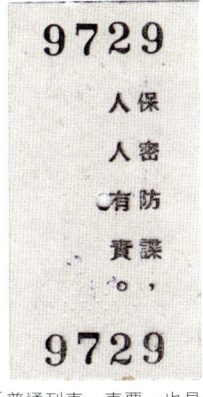

⬆ 將近40年前印出的「普通列車」車票，也是目前唯一能看見票背仍印有反共標語的車票。

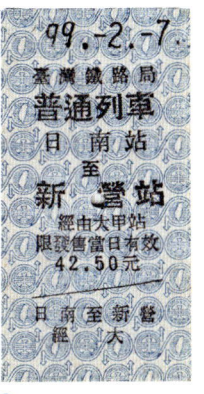

⬆ 隨著時間推進，車票版面也會有所變化。

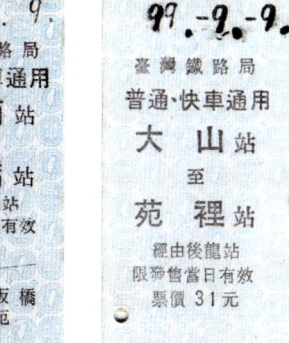

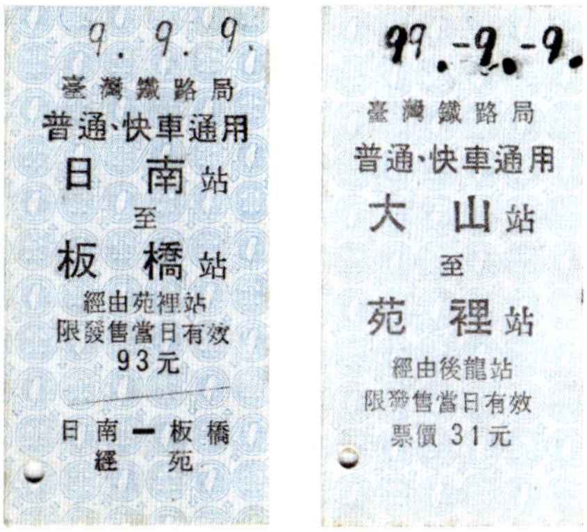

⬆ 普快費率合併後的車票，下方斜線為「剪斷線」。

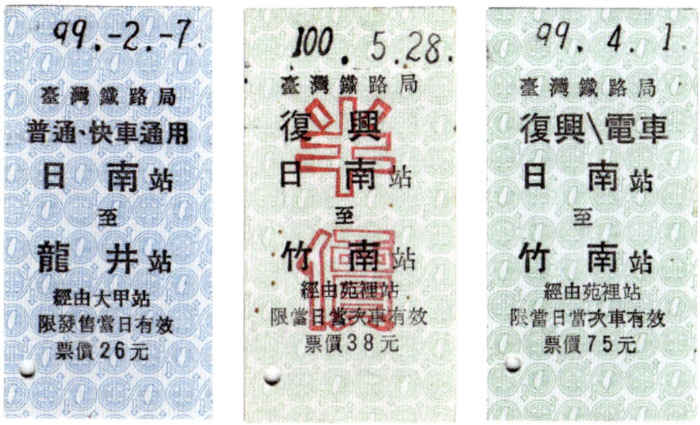

⬆ 隨著區間車取代普通車，車票從普快到復興，又到復興/電車，不只展現了車輛演進，也透露出區間車引進初期票價等級定位不明的狀況。

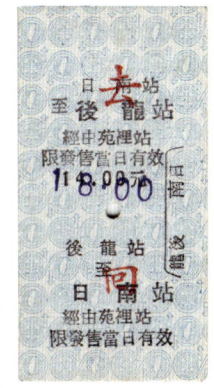

⬆➡ 早年短式的去回票以及後來「拉長」的去回票。

⬅ 木造的車站，小巧的售票口，勾勒出古早以前的旅行印象（海線，日南車站）。

⬅ 集票之餘，別忘了細細品味木造站房的古典質樸之美（海線，大山車站）。

⬇ 著名的「追分成功」車票，票面註明經由成追線。

鐵道避難所

文／圖 古庭維

巡訪鐵道沿途天險境地

騎單車走訪老隧道，親臨當年艱辛的工程現場

縱貫線鐵路的工程，在十九世紀末展開，日本政府分頭進行工程，分別由基隆南下及打狗（今高雄）北上延長路線。整條縱貫線最困難之處，就在南、北街接點，也就是苗栗、台中的丘陵地帶。鐵路要越過的這片山區，並不是橫亙在前的山脈主稜，而是加里山山脈西側的大小尾稜分支，地形相當複雜。這段路線就是為人所知的「山線」，一九〇八年四月廿日，最困難的大甲溪橋及九號隧道竣工，宣告縱貫線全線通車，半年後十月廿四日舉行盛大的通車典禮，從此台灣西部的聚落才第一次緊密結合在一起。

山線鐵路的爬山路段，集中在竹南到豐原之間，總共有十座隧道，並有中港溪、後龍溪、大安溪、大甲溪等大型橋樑。由於山線鐵路蜿蜒曲折，又僅有單線鐵道，不利列車運轉，政府在一九八〇年代展開「新山線」的工程。新山線並非是在原本的鐵道旁再加一線拓寬而已，在爬山路段為了截彎取直，幾乎是重建了一條山線。日本時代蓋好的十座隧道，在新山線與一九九八年全部通車後，也都功成身退。

這十座老隧道如今依然健在，除了造橋隧道之外，其餘九座目前都展開亮麗的第二春。位在苗栗與銅鑼間的苗栗隧道和銅鑼灣隧道，前者成為舊隧道公園，後者則是自行車道，接連造訪可體會火車如何由苗栗爬上南勢，再順著下坡來到銅鑼。從三義到后里的舊山線，則是一九九七年十月新線通車後為廢

縱貫線建設過程中，最為精采的一段。路線以連續彎道爬上舊名十六份、縱貫線海拔最高地點的勝興站，之後穿過連續隧道、高聳的魚藤坪溪和內社川、寬闊的大安溪，最後以千分之廿五的陡坡穿過八號隧道來到后里台地。由於陡坡和彎道過多，新山線建設時，這段路線被完全放棄，由於風景特別，停駛前夕曾引發搶搭人潮，成為中部知名景點。在鐵道文化風氣大開之後，舊山線的遊客並未消退，經過各界努力，二〇一〇年六月再度復駛，首開台鐵廢棄路線復活先例，目前不定期開行觀光班次。

止；新大甲溪橋以超高的橋墩，消弭了后里台地與豐原之間的高差。九號隧道長一、二七〇公尺，是舊山線中最長的隧道，千分之廿五的坡度又帶著轉彎，隧道南口緊臨著湍急的大甲溪，如今這段鐵道已經改建為「后豐鐵馬道」，親身踩著鐵馬走一趟，走訪這處縱貫線最後完工的地點，是一個非常有深度的歷史之旅。

↑ 莒光號列車由銅鑼爬坡往南勢。

Taiwan Railways 鐵道新旅 126.

↑ 改建為后豐鐵馬道的舊山線大甲溪橋（現已改鋪柏油）

⬆ 舊山線九號隧道南口。

⬆ 苗栗隧道有後藤新平的攻維敘題字。

⬆ 改建自行車道的舊銅羅灣隧道。

我們時常有個刻版印象，認為山線鐵路崎嶇、隧道處處，而海線則是平緩、沒有山洞。事實上，海線在一九二二年完成時，總共有四座隧道，除了大甲車站南邊的河底隧道，其餘三座都在白沙屯附近，西湖溪出海口南側的台地西緣。這三座隧道距離很近，常被稱為白沙屯隧道群，由於轉彎太急，在一九七三年鐵路電氣化前夕，決定由西側新建路線。能夠如此改線，也拜五十餘年來海岸向外擴張所賜。這一帶同時也是著名的「過港貝化石層」，化石層首先在鐵道興築時發現，一九三五年進一步指定為「天然紀念物」加以保護，並在一號隧道北口右上方的山坡上立碑紀念。如今這段海線鐵路稀有的爬山段，雖然早已廢棄，但附近好望角風景精采，又有貝殼化石層景觀、著名的白沙屯拱天宮，觀光資源相當豐富，舊鐵道已改建為自行車道。

↑ 改建前的三號隧道南口。

↗ 改建前的三號隧道北口。

← 因海線工程而發現的過港貝化石層。

→ 1976年重建的天然物紀念碑。

↓ 白沙屯隧道群已改建為自行車道。

❶ 舊山線四到七號連續隧道已經復駛。

131.鐵道新旅 Taiwan Railways

山海線問答集

鐵道問答集

文／圖 台大火車社

Q1

山海線是日治時代才興建的路線，因此，會有一些車站會以日式名稱來命名，那有哪些車站是仍存在日式的名稱呢？此外，哪些車站至日治以來有更名過的？

A

山海線上著名日式名稱的車站，像是海線的清水、龍井和山線的豐原，清水的舊名為牛罵頭，名稱由來是因為附近有大肚台地有湧泉流出於此，而豐原舊稱葫蘆墩，站名由來則是取自因為此地物產豐富，站名由來則是取自因賜給日本的玉璽中寫有「豐葦之原，瑞穗之國」之中的「豐」和「原」而得名，並延用至今。至於有更名過的車站共12站，從海線和山線來分，海線有談文（談文湖）、大山（大山腳）、龍港（公司寮）、台中港（甲南）、沙鹿（沙轆），銅鑼（銅鑼灣）、三義（三叉河、三叉）、泰安（大安）、后里（後里）、潭子（潭仔墘）、成功（大肚、王田）等。

Q2

海線上有著名的五個木造車站，那這些木造車站的特色是什麼？分別是哪五個？

A

由北而南，分別是談文、大山、新埔、日南和追分。這五個木造站房的特色主要分成風格、屋頂結構和建築裝飾來說明。首先從風格來看，這五座車站都是屬於擬洋風建築風格，和和風式建築（例如平溪線終點菁桐站）、折衷式（例如台南保安站）、和洋折衷式（例如平溪線終點菁桐站）不同。而結構的話，先從屋頂來說，主要是「切妻」式的屋頂，也就是屋頂由兩個坡面，類似合掌的形狀所組成，只是長度較長，斜度較低就是，而左右兩邊，則是山牆的構造，屋簷則突出於山牆面。此外，屋頂表面則是用運用水泥瓦來構成。在屋頂裝飾方面，則是使用窗戶牛眼窗和屋脊鬼瓦來裝飾，前者，顧名思義，就是在山牆面有類似牛眼的窗戶。後者則是在屋脊上有突出的，裝飾過的瓦片，例如雲型鬼瓦。在其他方面，車站入口的廊柱為洋風雙柱式，各個柱子則呈現出Y字體的模樣；候車室的室內牆壁為灰白泥牆，外部牆面為編竹夾泥牆；雨淋板則是用類似百葉窗的白色外牆來設計等。總而言之，木造站房除了年代古老（約90年）外，其屋頂及其結構、裝飾、雨淋板和站房的內牆和外牆上，都和一般我們所見到的，例如現代主義式站和近年最夯的綠建築站體是明顯不同，下次有機會造訪時，除了拍照留念外，不妨注意這些地方。

Taiwan Railways 鐵道新旅 132.

Q3 舊山線和新山線的差異在哪？是哪一個路段變成新的路線？

廣義的舊山線其實範圍很廣，從竹南開始到豐原都有路線變更，只是大部分只是在舊有鐵道旁不遠處重鋪新鐵路，而其中變動最大的是三義-(勝興)-泰安-后里這段，因此狹義的舊山線指的是三義到后里這段，這一段的改線不但路旁的風景全然不同，甚至還廢了一個舊車站和號誌站，也是整個新山線工程最晚通車的一段，因此平常我們所稱的舊山線大多指三義經勝興到后里的鐵路。

舊山線從三義站往南出發後，為了要爬過大安溪北側的高地，因此以連續彎道繞進山中，減緩坡度。中間會經過勝興和167號誌站，以及舊的泰安車站。前兩者皆設置於山谷間，後者則可由現在的新山線泰安段望見。舊山線中途翻越了不少山丘和河川，有連續隧道群和橋樑的景觀，著名的龍騰斷橋即位於167號誌站到泰安站中間。新的山線從三義站出發後直接鑽入地底，穿越長達約八公里的三義隧道而不經過勝興。一出隧道馬上就是鯉魚潭橋，之後橫越了大安溪和泰安站後，與舊山線在后里站接軌。就位置上而言，新山線比舊山線的更靠西邊，此為地理上的不同。

再來是路線上的差異，舊山線受到地形上的限制，路線多半是較大的彎道，使得列車只能以較低的時速（約65公里）通過，而也因為興建年代較早及路線空間不足，除了167號誌站內是雙線區間外，其餘路段都是單線，造成調度上的不易。而最令人詬病的是坡度問題，因為舊山線幾乎都是高達千分之25的陡坡，常常會發生列車動力不足而必須掛輔助機車頭的狀況，造成列車嚴重誤點。新山線比起舊線標準提高很多，從三義到后里多數路段推進式自強號及太魯閣都能以時速130公里前進，且全線雙線化，並且藉由長隧道及橋梁使坡度減緩至千分之20，讓行車效率大幅提升。

其餘路段改變較多的則是后里到豐原，同樣也是藉由另闢隧道以及橋樑解決上述問題，而舊的路段已經改成著名的后豐鐵馬道。

Q4 搭海線就讓人聯想看到海！但海線真的能全段看到海嗎？

海線並非全段都能看到海，事實上，能看到海的路段連一半都不到，從竹南開始往南下搭，最先看到的是談文附近的中港溪河畔，而列車在通過後龍溪之後一沿著後龍溪往海邊前進，會一直貼著海岸線走，直到白沙屯，這段大約10公里的路線是最適合看海的地方。以南的路段大部分都沒有辦法看到海，只有少數跨越河的橋有辦法看到，例如通霄南邊的南勢溪。其他像是大安溪或是大甲溪橋，均因離海較遠，因此海景均沒有上述路段來得清楚。

Q5

山線、海線有許多非常棒的景觀可以欣賞，在親身搭乘、體驗後，哪個路段你最喜歡呢？

A

海線說長也不長，短也不短，在一小時多的車程裡（太魯閣號除外），不管是搭乘自強、莒光山，還是站站樂的區間車，都會對沿線風景有一定的印象才對。

先從山線講起，從竹南出發，過了中港溪橋後，山線筆直前進，而海線則向海側（西）彎去，之後，就再也看不到彼此了，直到彰化再相會。在抵達造橋站之前，可在左側看到造橋收費站和汽車「尬車」，看誰跑得快。到了苗栗到三義這段，看見的風景相當多元，從擺放歷代車輛的苗栗鐵道公園，到兩旁山坡開滿雪白的油桐花（五月）或在初冬時分，可見到一排排的，鑼特產杭菊開花的金色花海，此外，這段路線隧道多、上坡、下坡又上坡更是難得的體驗。三義到后里這段更是經典中的經典，先是長長的三義隧道，緊接著越過如高鐵般感覺的，視野遼闊的鯉魚潭大橋；在穿過一個短隧道後，大安溪橋緊接而來，舊大安溪橋、中山高、義里大橋等盡收眼底！而附近的泰安站，月台就高達五層樓。而后里到台中間的木造新埔站更是有「離海最近的車站」的路段，除了大甲溪橋外，就是台中往南到終點彰化，路線持續通霄後，往內陸彎去，此段則可看到國道三號在左邊逐漸靠近，而風景的話，則是傳統的鄉村風情。

海線的部分，過了中港溪橋後，路線一度和中港溪平行。過了談文、木造站房的談文、大山及崁新高架車站的後龍後，台灣海峽美景就逐漸清晰了。尤其海線舊橋一同跨越，也是別具風情。過了沙鹿後，有著各式運輸器具的龍井媒場出現了一個個裝煤列車等著運往北方的林口火力發電廠。過了龍井，路線一路左彎，經過木造站房追分、過了大肚溪橋後，在大肚溪南號誌站，和山線正式合攏，抵達彰化，結束旅程。說了這麼多沿線風景，相信大家能夠去注意、挖掘心目中最棒的車窗風景！

從龍港到通霄這段，更是貼著海走，風景美不勝收。中台中市體像極了現代化國際機場航廈高鐵台中站碰面後，國道一號和國道三號又在頭頂上方出現並交會，在見到扇形車庫後，彰化，也就是旅行的終點就到了。

海線的部分，過了中港溪橋後，路線一度和中港溪平行。過了的城鎮，例如大甲、清水外，此外，在過大甲彎，經過木造站房追分、過了大肚溪橋後，在大肚溪南號誌站，和山線正式合攏，抵達彰化，結束旅程。說了這麼多沿線風景，相信大家能夠去注意、挖掘心目中最棒的車窗風景！

Q6
山線，顧名思義，鐵路近山，以橋樑跨越溪谷，隧道穿越山脈，橋梁隧道相間的連續隧道群為山線鐵路的一大特色；那海線靠海邊，行駛於較平緩的平原，也有隧道嗎？

A
在日治時代海線通車時，龍港到白沙屯車站間的路線是座落於好望角下，因此呢，出現了三座隧道，稱為「白沙屯連續隧道群」，當地人習慣稱過港隧道有隧道的原因是因為當初在決定路線時有過路線要靠海還是靠山，前者考量到怕路線遭遇強風、飛砂堆積淹沒之虞，後者則考量到要挖隧道或地塹，最後則選擇後者。此外，由於三座隧道穿過貝類化石層，在日治時代還加以保護。到了要電氣化時，由於坡度稍大且曲率半徑過小，而向西側改線廢除，而隧道群們廢棄後改建為步道，但後續維護不是很好，略顯荒涼，現在成為拍火車良好的攝影點。而現在海線還有使用的隧道，只剩下大甲站南方的水尾溪河底隧道，短短不到百公尺的距離，旅客絕對意想不到也難以發覺這是座河底隧道。

Q7
山海線有許多名勝景點，且密度是全台最高，例如大甲鎮瀾宮、三義木雕博物館⋯等，除此之外，有哪些和「鐵道」有關係的休閒景點、設施？

A
山線和鐵道相關的景點較多，從竹南往南，首先有苗栗的鐵道公園，園內存有懷舊的蒸氣火車，當時為了克服山線的爬坡問題因而在苗栗設了車庫，後來廢止改成鐵道公園供人參觀。再來是舊山線的勝興車站和龍騰斷橋，前者為木造式站房，然而因為改線的緣故而停止營運。後者為日治時期關刀山大地震成的斷橋，至今仍完善保存，可見外圍砌成紅磚的橋墩。再往南舊山線有度也最高。

后豐鐵馬道全長4.5公里，是由舊山線鐵路后里馬場後到國道四號的路段所改建成，中間會經過九號隧道和大甲溪花樑橋，在上豐鐵馬道續行，也可從豐原搭乘豐原客運前往。

面騎乘自行車不但涼爽，尚可遙想當年舊山線火車穿越隧道，奔馳在鋼梁橋上的景象。遊客如需欣賞風景，出車站則有鐵道藝術村。海線與鐵道相關的景點較少，較有特色的是白沙屯車站外的石蓮園，裡面除了田園造景還有火車車廂打造成的旅館，再往後龍走則是可以看到因改線而停止使用的連續隧道。

東豐鐵馬道全長12公里，由東勢線鐵路改建而成，與后豐鐵馬道在國道四號下方相連接，是全台第一個由鐵路改建成的自行車道，同時自行車道兩旁種滿綠樹，因此又稱為東豐綠廊，由豐原往東勢依序會經過朴子車站、石岡水壩、九二一紀念公園、東豐鐵橋，最後抵達東勢客家文化館。沿路上有不少攤販，在盛夏時坐在樹蔭下吃冰也是一大享受。如欲前往東豐鐵馬道可由后里鐵馬道續行，也可從豐原搭乘豐原客運前往。

前往，可由后里車站附近的單車店租車，再騎往后里馬場，即可接上后豐鐵馬道。

Q8 海線是小站多、載客量低的路線，為何當初決定興建？

A 說到台灣鐵路的興建，就不得不提到當時的大環境，以及日本在台灣興建鐵路的目的。1895年，台灣剛割讓給日本。當時的台灣，南北之間往來相當不便。由於當時公路並不發達，如果要從艋舺（現萬華）到安平（現台南一帶），必須要搭船才能夠到達。由於鐵路的運輸速度遠遠高過船隻的速度，因此在那之後建造鐵路路線的需求也就出現了（清代的鐵路路線完全打掉）。在鐵路通車之後，南北的往來才比較順暢。

在當時，鐵路路線的選擇其實也有經過一番考量。建造鐵路當然可以載貨，可以載人，那如果打仗的時候呢？拿來載兵器應該無可厚非，但要是鐵路路線被敵人破壞的話，那就糟囉！因此，在當時建造的鐵路都盡量遠離海邊，以避免路線在敵人登陸之後被破壞。離海比較遠對國家的安全來說是好事情，但是在台灣，離海遠通常代表著需要爬山。在竹南到台中的這段路段中，爬坡的情況尤其明顯。在這段路中，火車需要從海拔不足100公尺的山下，爬到四百多公尺的地方，連現在的火車都不見得爬得上去，當時更是嚴重。火車因為拉力不夠大，無法把大批貨物載過山，在1917年發生了嚴重的滯貨事件。在此之後才興建了海線。海線作為一條替代的火車路線，火車在行經海線的時候並不需要爬很陡的坡，有些地方甚至還在接近河口的位置。少了爬坡的這項因素之後，火車的運能就因此提升了。因此，海線的建造，並不是因為海線上有很多人想要搭車，而是為了要有一條方便通過的「道路」，方便貨物的運送。

現在，許多年前曾經興盛的鐵路貨運，也逐漸退出市場。雖然如此，在台灣的許多角落，仍然有著不少貨運列車的運行，如果你正搭著火車，不妨往窗外看看。除了看風景之外，或許也能夠看見滿載煤礦的列車。雖然列車還是天天都有，但在不久的將來也將不復存在。或許，這就是鐵路貨運的命運吧。

Q9 山海線開通串起了中部的重要都市，在這些路線中，有哪些火車會出沒呢？

A 先從正常營運狀況的列車來說，有4種自強號，分別是最常見的Push-Pull自強號、舊式自強號（EMU1200、EMU300）和太魯閣號；而莒光號的話，有舊式莒光號（手拉式單車門）、新式莒光號（自動式雙車門）和附掛行李包裹車；至於區間車，有EMU500、EMU700（阿福號）、EMU400等三種。另外，最常見的貨運列車為運煤貨運列車。除此之外，特殊列車的部分，像是郵輪式列車（包含苗栗縣政府舉辦的舊山線蒸汽火車）、軍用列車（成功車站，附近是成功嶺營地），下次不妨可注意一下。

Q10 我想要從山線的台中站去到海線的大甲站，有比較快「無縫接軌」的路線抵達目的地，還是得要繞路回到彰化站去搭才行呢？

A 從台中到大甲有很多種方法，其中最快的方法就是搭火車囉！從台中車站買一張到大甲的車票，之後到月台上搭車。搭車的時候，有兩種搭車到海線的方法。第一種是先搭車到彰化，再轉搭經由海線的車到大甲；第二種則是搭乘經由成追線的火車到大甲。成追線是什麼呢？若你搭火車從彰化到台中，在海線逐漸消失看不到之後，若你繼續往海線的方向看過去，會發現有一條線逐漸靠近。那條線就是成追線，連接著山線與海線。經由成追線的車，在台中站的列車資訊看板上會顯示往海線。如果要往海線的話，搭那班車準沒錯！只是說時間上要先看好，成追線雖可省時間，但是車班較少就是。

跨過中港溪橋並筆直前進，而海線則西彎，漸漸地從視野裡消失。之後，國道一號從高速公路則逐漸地出往左靠近，看著造橋收費站和汽車「尬車」想必相當精采。至於誰快的話，就

看你是搭乘什麼車種囉。高速公路離開後，搭到高鐵的高架橋在快到豐富站時橫越出現，運氣好的時候，可看到高鐵奔馳的飛影，此外，未來的高鐵苗栗站就是設於此地。過了苗栗，除了可見到擺放歷代車輛的苗栗鐵道公園外，接著就是一連串的，又彎又陡的上坡，而隧道則是緊接而來，過了南勢站才有下坡。過了銅鑼站後，又開始爬坡，在五月時，可見到兩旁的山坡都開滿雪白的油桐花；在初冬十分，則可見到一排排金色花海，原來是銅鑼特產杭菊開花了。緊接著，過了三義後，準備通過山線最經典的路線。先是長長的三義隧道，緊接著，越過如高鐵般感覺的，穿過一個短隧道後，視野遼闊的鯉魚潭大橋；在接而來，舊大安溪橋、中山高、義里大橋等盡收眼底。而附近的泰安站，月台就高達五層樓。接下來，經過后里馬場、過了東勢橋收費站和汽車「尬車」想必

站和高鐵再次碰面。不同的是，緊鄰車站一旁的是佔大的高鐵台中站，其站體像極了現代化國際機場航廈。此外，烏日和新烏日站的距離只有0.8km。號稱台鐵兩站最短的距離。出了新烏日站，跨越中彰邊界的大肚溪橋後，國道一號和國道三號在頭頂上方出現並交會。不久，海線在大肚溪南號誌站正式匯流。最後，看到彰化扇形車庫後，列車抵達彰化，山線之旅就告一段落了。

海線

↑ 大山（甲簡）
24°38'44.05" 北；
120°48'13.42" 東
苗栗縣後龍鎮大山里明山路 180 號
苗栗縣歷史建築（1922 年建）

↑ 談文（招呼）
24°39'23.44" 北；
120°51'30.62" 東
苗栗縣造橋鄉談文村仁愛路 29 號
苗栗縣歷史建築（1922 年）

↑ 白沙屯（三等）
24°33'52.29" 北；
120°42'29.00" 東
苗栗縣通霄鎮白西里 131 號

↑ 龍港（招呼）
24°36'40.94" 北；
120°45'31.77" 東
苗栗縣後龍鎮龍京里 7 鄰公司寮 85 號

↓ 後龍（三等）
24°36'54.07" 北；
120°47'10.96" 東
苗栗縣後龍鎮北龍里車站街 127 號

車站全覽

文／圖　台大火車社

足旅 34 站，山海線全覽

⬆ 苑裡（三等）
24°26'35.94"北；
120°39'4.93"東
苗栗縣苑裡鎮中山路165號

⬆ 通霄（三等）
24°29'28.50"北；
120°40'42.02"東
苗栗縣通霄鎮通西里中山路109號

⬆ 新埔（甲簡）
24°32'25.38"北；
120°41'43.32"東
苗栗縣通霄鎮新埔里8鄰57號
苗栗縣歷史建築（1922年建）

⬆ 日南（甲簡）
24°22'38.27"北；
120°39'13.42"東
台中市大甲區孟春里中山路2段140巷8號
台中市古蹟（1922年建）

⬆ 台中港（二等）
24°18'14.86"北；
120°36'7.89"東
台中市清水區甲南路2號

⬆ 大甲（二等）
24°20'38.68"北；
120°37'37.44"東
台中市大甲區中山路1段828號

⬅ 清水（三等）
24° 15'48.88" 北；
120° 34'8.47" 東
台中市清水區南社里中正街 115 號
台中市歷史建築（1936 年建）

⬇ 沙鹿（二等）
24° 14'12.72" 北；
120° 33'26.47" 東
台中市沙鹿區中正街 94 號
04-26625057

⬇ 追分（三等）
24° 7'13.62" 北；
120° 34'12.56" 東
台中市大肚區王田村追分街 13 號
台中市古蹟（1922 年建）

⬇ 大肚（三等）
24° 9'14.27" 北；
120° 32'32.98" 東
台中市大肚區平和街 121 號
04-26992523

⬇ 龍井（三等）
24° 11'50.33" 北；
120° 32'35.90" 東
台中市龍井區龍新路 1 號
04-26355578

山線

● 豐富（招呼）
24°36'4.25"北；
120°49'25.00"東
苗栗縣後龍鎮新港路116號

● 造橋（簡易）
24°38'29.91"北；
120°52'3.18"東
苗栗縣造橋鄉造橋村平仁路54號
（1935年建）

● 苗栗（一等）
24°34'11.15"北；
120°49'21.26"東
苗栗縣苗栗市為公路1號

● 三義（三等）
24°25'14.16"北；
120°46'26.49"東
苗栗縣三義鄉雙湖村90號

● 銅鑼（三等）
24°29'9.66"北；
120°47'11.40"東
苗栗縣銅鑼鄉銅鑼村大同路13號
（1936年建）

● 南勢（招呼）
24°31'21.98"北；
120°47'29.76"東
苗栗縣苗栗市新英里南勢39號

⬆ 泰安（簡易）
24°19'51.15"北；
120°44'30.26"東
台中市后里區安眉路 37-12 號

⬆ （舊）泰安（未營業）
24°19'21.42"北；
120°44'56.76"東
台中市后里區泰安村福星路 52 號
台中市古蹟（1937 年建）

⬆ 勝興（未營業）
24°23'21.16"北；
120°46'53.52"東
苗栗縣三義鄉勝興村 14 鄰勝興 89 號
苗栗縣古蹟（1912 年建）

⬆ 豐原（一等）
24°15'13.77"北；
120°43'23.03"東
台中市豐原區中正路 1 號

⬆ 潭子（三等）
24°12'47.15"北；
120°42'19.86"東
台中市潭子區中山路二段 352 號

⬆ 后里（三等）
24°18'32.92"北；
120°43'58.78"東
台中市后里區甲后路 1 號

Taiwan Railways 鐵道新旅 142.

⬆ 台中（特等）
24°8'11.58" 北；
120°41'5.72" 東
台中市建國路 172 號
台中市古蹟（1917 年建，後站為歷史建築）

➡ 太原（簡易）
24°9'59.14" 北；
120°42'1.20" 東
台中市東光路 833 號

⬅ 大慶（簡易）
24°7'7.88" 北；
120°38'52.12" 東
台中市建國路 80 號（對面）

⬆ 成功（三等）
24°6'51.34" 北；
120°35'24.60" 東
台中市烏日區中山路 3 段 550 號

⬆ 新烏日（三等）
24°6'33.45" 北；
120°36'50.81" 東
台中市烏日區高鐵東一路

⬆ 烏日（簡易）
24°6'31.42" 北；
120°37'20.91" 東
台中市烏日區三民街 258 號

典藏版 鐵道新旅 Taiwan Railways ① 山海線

山海線—32+2 站深度遊

到西海岸海線追火車，有機會與平時少見的貨運列車不期而遇。　攝影／邱柏瑞

作者	古庭維、鄧志忠、片倉佳史、李春政（追煙）、蘇棨豪（半島）、台大火車社、交大鐵道會、王晟懿、黃偉嘉、陳映彤、鄭育安
總策劃	古庭維
編輯顧問	傅新書
編輯	賴虹伶
特約美編	李淨東
行銷經理	叢榮成
執行長	呂學正
社長	郭重興
發行人兼出版總監	曾大福
出版者	遠足文化事業股份有限公司
	地址：231 新北市新店區民權路 108-2 號 9 樓
	電話：(02)2218-1417
	傳真：(02)2218-8057
郵撥帳號	19504465
客服專線	0800-221-029
E-mail	service@bookrep.com.tw
部落格	http://777walkers.blogspot.com/
網址	http://www.bookrep.com.tw
法律顧問	華洋法律事務所　蘇文生律師
印製	成陽印刷股份有限公司
	電話：(02) 2265-1491
定價	299 元
第一版第一刷	中華民國 103 年 8 月
ISBN	978-986-5787-49-3
	2013 Walkers Cultural Print in Taiwan
	有著作權　侵害必究
	本書如有缺頁、破損、裝訂錯誤，請寄回更換

線上讀者回函

國家圖書館出版品預行編目(CIP)資料

鐵道新旅：山海線 / 古庭維等作.
第一版. — 新北市：遠足文化，民103 .08
面；　公分

ISBN 978-986-5787-49-3（平裝）

1.火車旅行　2.台灣遊記　3.鐵路車站

733.6　　　　　　　　　　　　103013498